VIDAS DE LOS FILÓSOFOS MÁS ILUSTRES

DIÓGENES LAERCIO

Tecnibook Ediciones

Colección Tecnibook Ediciones

LIBRO PRIMERO

PROEMIO.

I Dicen algunos que la Filosofía, excepto el nombre, tuvo su origen entre los bárbaros; pues como dicen Aristóteles en su Mágico, y Soción, en el libro XXIII De las sucesiones, fueron los magos sus inventores entre los persas; los caldeos entre los asirios y babilonios; los gimnosofistas entre los indios; y entre los celtas y galos, los druidas, con los llamados semnoteos. Que Oco[1] fue fenicio; Zamolxis, tracio; y Atlante, líbico. Los egipcios dicen que Vuleano, hijo del Nilo, fue quien dio principio a la Filosofía, y que sus profesores eran. sacerdotes y profetas. Que desde Vuleano hasta Alejandro Macedón pasaron cuarenta y ocho mil ochocientos se-

senta y tres años[2] ; en cuyo espacio hubo trescientos
setenta y tres eclipses de sol, y ochocientos treinta y
dos de luna. Desde los magos (el primero de los
cuales fue Zoroastro, persa) hasta la destrucción de
Troya pasaron cinco mil años, según Hermodoro
Platónico en sus escritos de Matemáticas. Janto de
Lidia pone seiscientos años desde Zoroastro hasta
el pasaje de Jerjes[3], y dice que a Zoroastro sucedieron continuadamente otros muchos magos, a saber:
Ostanas, Astrapsicos, Gobrias y Pazatas, hasta la
destrucción de Persia por Alejandro.

II. Los que esto dicen atribuyen ignorantemente
a los bárbaros las ilustres acciones de los griegos, de
quienes tomó principio no sólo la. Filosofía, sino

---

[1] Otros lo llaman mochos

[2] Esta portentosa antigüedad que se atribuía los egipcios es
una mera fanfarronada suya, si es que hablaron de años sola-
res. Es probable que de cada mes lunar hiciesen un año, con
lo cual se hace menos absurdo el número de eclipses que
ponen (incluidos únicamente los que fueron observados en
Egipto), y menos arriesgados los cómputos

[3] Entiendese el tránsito o pasaje de Jerjes, quinto rey de Persia, a Europa por el celebrado puente de barcos que cons-
trúyo sobre el Helesponto (uniendo así el Asia con el
Quersoneso) en la Olimpíada LXXV, unos cuatrocientos
ochenta años antes de la era cristiana.

también el género humano[4]. Ateniense fue Museo; tebano Lino. Museo fue hijo de Eumolpo, y según dicen, el primero que escribió en verso la Generación de los dioses, y De la esfera, como también que «todas las cosas proceden, de una y se resuelven en la misma». Dícese que murió en Falera, y se le puso por epitafio esta elegía:

> En este monumento sepultado
> guarda el suelo falérico a Museo,
> hijo de Eumolpo, muerto cuanto al cuerpo.

Aun los eumólpidas de Atenas traen este apellido de Eumolpo, padre de Museo.

III. Lino dicen fue hijo de Mercurio y de la musa: Urania. Que escribió en verso l a creación del mundo. el curso del sol y de la luna y la generación de los animales y frutos. Su obra empieza así:

> Hubo tiempo en que todo
> fue criado unidamente

---

[4] Sin embargo, algunos padres de la Iglesia no dudan afirmar que, mucho antes que los griegos vinieran al mundo, era ya

De donde, tornándolo Anaxágoras, dijo que «todas acosas fueron criadas a un tiempo y sobreviniendo la mente divina las puso en orden». Y que Lino murió en Eubea de una flecha que le tiró Apolo, y se le puso éste epitafio:

Yace aquí el cuerpo del tebano Lino,
cual hijo de la musa
Urania, hermosamente coronado.

De los griegos, pues, tomó principio la Filosofía, puesto que hasta en el nombre[5] excluye todo origen bárbaro.

IV. Los que atribuyen su invención a los bárbaros citan a Orfeo Tracio, diciendo que fue filósofo, y muy antiguo. Yo no sé si conviene llamar filósofo a quien tales cosas dijo de los dioses; porque ¿qué nombra se puede dar a quien atribuye a los dioses todas las .pasiones humanas, y hasta aquellas sucias

---

muy antigua la Filosofía: así lo sienten San Justino Mártir: San Clemente Alejandrino, Teófilo, Taciano, etc.

[5] Filosofía o Philosofía es palabra griega, compuesta de (philos), que significa «amigo», y (sophia), «sabiduría»: de manera que filósofo viene a significar «amigo de la sabiduría», y filosofía, «amor de la misma». Véase asimismo el párrafo VIII.

operaciones les por la boca que aun los hombres cometen raras veces?[6]. Dice que murió despedazado por las mujeres: pero del epitafio que hay en Dión, ciudad de Macedonia, se ve que le mató un rayo. Dice así:

> Aquí dieron las Musas sepultura
> al tracio Orfeo con su lira de oro.
> Jove, que reina en tronos celestiales,
> con flecha ardiente le quitó la vida.

Estos que hacen derivar de los bárbaros la Filosofía exponen también el modo con que la trató con una de ellas. Dicen que los gimnosofistas y los druidas filosofaron, por enigmas y sentencias, que «se ha de adorar a Dios; que a nadie se ha de hacer daño, y que se ha de ejercitar la fortaleza». Clitarco, en el libro XII, añade que los gimnosofistas no temían la muerte; que los caldeos se ocupan en la Astronomía y predicciones, y los magos en el culto, sacrificios y deprecaciones a los dioses, como si sólo

---

[6] Consta bastantemente que lo que aquí se atribuye a Orfeo es una literal y errada inteligencia de sus opiniones, pues los antiguos poetas ocultaban debajo de estas figuras varias operaciones de la Naturaleza y elementos, siendo todo cosas tocantes a la Fisiología.

a ellos oyeran, y manifiestan su sentir en orden a la
esencia y generación de los dioses mismos, creyendo que son el fuego, la tierra y el agua. Que no admiten sus simulacros) esculturas, y reprueban la
opinión de los que dicen hay también diosas.

V. Soción, en el libro XXIII, dice que los magos
tratan mucho de la Justicia; que tienen por impiedad
quemar los cadáveres, y por cosa justa casar uno
con, su madre o con su hija[7]. Que ejercitan las adi-
vinaciones y predicciones, y dicen que se les apare-
cen los dioses; que el aire está lleno de simulacros
que, fluyendo de los cuerpos, suben con los vapores
a los ojos de más aguda vista, y que prohiben los
afeites dei rostro y vestir oro. Visten de blanco,
duermen en tierra, comen hierbas, queso y pan ordinario; llevan una caña por báculo, y en su extremo
ponen un queso y se lo van comiendo. Aristóteles
dice en su Mágico que ignoran el arte de adivinar
por encantos. Dícelo también Dinón en el libro IV
de su Historia, y añade que Zoroastro fue muy aplicado a la observación de los astros, sacándolo por la
significación de su nombre. Lo mismo escribe
Hermodoro. Aristóteles, en el libro primero De la

---

[7] Esto también lo permitieron Epicuro y otros filósofos, y
aun se practicó por alguna partes.

Filosofía, hace a los magos más antiguos que los egipcios, y que ponían dos principios en el mundo, que eran un genio bueno y otro malo, llamados el uno Júpiter y Orosmades, y el otro, Plutón y Arimanio. Dícenlo también Hermipo, en el libro primero De los magos; Eudoxo, en su Período[8], y Teopoinpo, en el libro VIII De la historia filípica.

VI. Dice éste, por sentencia de los magos, que «los hombres han de resucitar, y entonces serán inmortales. Y que las cosas existentes existen a beneficio de sus oraciones». Esto mismo refiere Eudemón de Rodas. Ecato dice, como doctrina de ellos, que «los dioses fueron engendrados». Clearco Solense escribe, en el libro De la enseñanza, que los gimnosofistas son descendencia de los magos. Algunos pretenden que de ellos descendían los judíos. Los que trataron de los magos reprenden a Herodoto; pues es falso que Jerjes dispara dardos contra el sol y que echase grillos en el mar como Herodoto dice, siendo así que los magos los tenían por dioses. Derribó, sí, sus estatuas y efigies.

VII. La filosofía de los egipcios acerca de los dioses y de la justicia dijeron ser ésta: que la materia

---

[8] Es la circunferencia de la Tierra que describió este gran geómetra en varios libros, obra muy citada de los antiguos.

fue el principio de las cosas, y que de ella procedieron después separadamente los cuatro elementos y los animales perfectos. Que el sol y la luna son dioses; aquel llamado Osiris; ésta, Isis; y que los expresan simbólicamente por la figura del escarabajo, del dragón, del gavilán y de otros animales». Dícenlo Manetón, en su Epítome de las cosas naturales, y Hecateo, en el libro primero de la Filosofía de los egipcios; añadiendo que «les edifican templos y esculpen tales efigies porque ignoran la de Dios; que el mundo fue criado, es corruptible y de figura esférica: que las estrellas son fuego, y por la templada mezcla de sus influjos[9] dá la tierra sus producciones; que la luna padece eclipse cuando entra en la sombra de la Tierra; que el alma permanece en el cuerpo cierto tiempo, y luego transmigra a otro; que la lluvia proviene de las mutaciones del aire»[10]. Otras muchas cosas disputan sobre: Fisiología, según es de ver en Hecateo y Aristágoras. Tienen también sus leyes sobre la Justicia, y las atribuyen a Mercu-

---

[9] De sus influjos. Añado esto porque no comprendo cómo puedan los astros mezclarse entre sí excepto por sus rayos e influencias, de las cuales se burlan muchos de nuestros sabios modernos.

[10] □□□□□ s, significa lluvias y no ríos, como traduce el intérprete latino.

rio. De los animales elevaron a dioses los que son útiles a los usos humanos. Y finalmente, haber sido ellos los inventores de la Geometría, Astrología y Aritmética. Esto baste de la invención de la Filosofía.

VIII. En cuanto al nombre, Pitágoras fue el primero que se lo impuso llamándose filósofo, estando en conversación familiar en Sición con Leontes, tirano de los sicioneses o fliaseos, como refiere Heráclides Póntico en el libro que escribió De la intercepción de la respiración[11]. «Ninguno de los hombres -dijo Pitágoras- es sabio; lo es sólo Dios». Antes la Filosofía se llamaba sabiduría y sabio el que la profesaba habiendo llegado a lo sumo de su perfección; pero el que se dedicaba a ella se llamaba filósofo, aunque los sabio. Se llamaban también sofistas, y aun los poetas; pues Cratino, en su Arquíloco, citando a Homero y a Hesíodo, así los llama. Sabios fueron juzgados Tales, Solón, Periandro, Cleóbulo, Quilón, Biante y Pitaco. A éstos se agregan Anacarsis Escita, Misón Queneo, Ferecides Siro y Epiménides Cretense. Algunos añaden a Pisistrato Tirano. Éstos fueron los sabios.

---

[11] De esta obra se habla en la Vida de Empédocles, núm.6 Plinio la menciona lib. VII, cap. II.

IX. Las sectas o sucesiones de la Filosofía fueron dos: una desciende de Anaximandro, y otra de Pitágoras. Del primero fue maestro Tales; de Pitágoras, Ferecides. Esta secta se llamó jónica porque Tales, maestro de Anaximandro, fue de Jonia, nacido en Mileto; la otra se llamó italiana porque Pitágoras, su autor, vivió casi siempre en Italia. La secta jónica finaliza en Clitomaco, Crisipo y Teofrasto; la italiana, en Epicuro, pues a Tales sucedió Anaximandro; a éste, Anaximenes; a Anaximenes, Anaxágoras; a éste, Arquelao; a Arquelao, Sócrates, que fue inventor de la Moral. A Sócrates sucedieron sus discípulos, principalmente Platón, instituidor de la Academia primitiva. A Platón sucedieron Espeusipo y Jenócrates; a éste se siguió Polemón; a Polemón, Crantor y Crates; a éste, Arcesilao, que introdujo la *Academia media;* a Arcesilao sucedió Lacides, inventor de la Academia nueva; a Lacides sucedió Carnéades; y a Carnéades, Clitómaco. De este modo acaba en Clitómaco la secta jónica.

X. En Crispo terminó de la manera siguiente: a Sócrates sucedió Antístenes; a éste, Diógenes Cínico; a Diógenes, Crates Tebano; a Crates, Zenón Citio; a Zenón, Cleantes, y a Cleantes, Crisipo. Por último, en Teofrasto acabó así: a Platón sucedió

Aristóteles, y a Aristóteles, Teofrasto. De este modo dio fin la secta jónica. La italiana, del modo siguiente: a Ferecides sucedió Pitágoras; a Pitágoras, Telauges, su hijo; a éste, Jenófanes; a Jenófanes, Parménides; a Parménides, Zenón de Elea; a éste, Leucipo, y a Leucipo, Demócrito. A Demócrito sucedieron muchos; pero los más célebres son Nausifanes y Naucides, a los cuales sucedió Epicuro.

XI. De los filósofos, unos se llamaron dogmáticos; otros *efécticos*[12]. Los dogmáticos enseñan las cosas como comprensibles. Los efécticos se abstienen de ello, suponiéndolo todo incomprensible. Algunos de ellos nos han dejado escritos; otros, nada escribieron. Entre estos últimos suelen contarse Sócrates, Estilpón, Filipo, Menedemo, Pirro, Teodoro, Carnéades, Brisón, y, según :algunos, también Pitágoras y Aristón Quío, que sólo escribieron algunas cartas. Otros dejaron un escrito so lo cada uno, como Meliso, Parménides, y Anaxágora: Zenón escribió mucho; .Jenófanes, más que él; más que éste, Demócrito; Aristóteles, más que Demócrito; excedióle Epicuro; y a éste superó Crisipo.

---

[12] De estos filósofo se trata en el lib. IX, núm. 7 de la Vida de Pirrón.

XII. Tomaron los filósofos sus apellidos, unos di pueblos, como los *eleenses, megarenses, erétricos y cirenaicos*. Otros los tomaron de algunos parajes, como lo, académicos y los estoicos; otros, de algunas circunstancias, como los *peripatéticos;* otros, de sus cavilaciones como los cínicos; otros, de ciertas afecciones, como lo: *eudemónicos*; otros, finalmente, de su opinión, como los llamados *filaletes*, los eclécticos y los *analogéticos* Algunos toman nombres de sus maestros, como lo: *socráticos, epicúreos* y semejantes; otros, se llamaron físicos, por haber escrito de Física; otros, *morales*, por la doctrina moral que enseñaron; otros, finalmente se llaman dialécticos por ejercitarse en sutilezas y argumentos.

XIII. Tres son, pues, las partes de la Filosofía: *Física, Moral* y *Dialéctica*. La Física trata del universo y de las cosas que contiene; la Moral, de la vida humana y cosas a nosotros pertenecientes; y la Dialéctica examina las razones de ambas. Hasta Arquíloco reiné la Física. De Sócrates, como ya dije, comenzó la Moral. y de Zenón de Elea, la Dialéctica. De la Moral hube diez sectas, que son: la *académica, la cire-*

naica, la elíaca[13], la *megárica,* la *cínica,* la *erétrica,* la dialéctica, la *peripatética,* la *estoica* y *la epicúrea.*

XIV. Platón fue el fundador de la Academia primitiva; de la *media,* Aroesilao; y de la *nueva,* Lacides. De la secta cirenaica lo fue Aristipo de Cirene; de la elíaca, Fedón de Elea; de la megárica, Euclides Megarense; de la cínica, Antístenes Ateniense; de la erétrica, Menedemo de Eritrea; de la dialéctica, Clítómaco Cartaginés; de la peripatética, Aristóteles Estagirita; de la estoica, Zenón Citio; y, finalmente, la epicúrea se llama así de su autor Epicuro.

XV. Hipoboto, en su tratado *De las sectas filosóficas.* dice que éstas fueron nueve: primera, la megárica; segunda, la erétrica; tercer, la cirenaica; cuarta, la epicúrea; quinta, la *anniceria;* sexta, la *teodórica;* séptima, la *zenónica* o *estoica;* octava, la académica antigua; y novena, la *peripatética.* De la *cínica, eleática* y *dialéctica* no hace memoria. La pirrónica se estima poco por su oscuridad, diciendo unos que es secta, y otros que no lo es. Parece lo es, dicen: pues llamamos secta a aquella que sigue, o tiene todas las apariencias de seguir, alguna norma de vida; por cuya razón

---

[13] Mejor *eleíaca,* como tiene el texto griego, por ser denominada de la ciudad de Elea, patria de Fedón, su autor. El intérprete latino pone Elíaca, teniendo por diptongo la *e* y la *i*

podemos muy bien llamar secta a la de los escépti-
cos. Pero si por secta entendemos la propensión a
los dogmas que tienen séquito, no se podrá llamar
secta, puesto que carece de dogmas. Hasta aquí de
los principios, sucesiones, varias partes y número de
sectas que tuvo la Filosofía. Aunque no mucho
tiempo ha que Potamón Alejandrino introdujo la
secta electiva, eligiendo de cada una de las otras lo
que le gustó más. Fue de opinión, según escribe en
sus Instituciones, que son dos los modos de indagar
la verdad. El primero es aquel con que formamos
juicio, y éste es el principal. El otro es aquel por
medio de quien lo formamos, como con una exactí-
sima imagen. Que la causa material y eficiente, la
acción y el lugar son el principio de las cosas; pues
siempre inquirimos de qué, por quién, cuáles son y
en dónde se hacen. «Y el fin a que deben dirigirse
todas las cosas es -dice- la vida perfecta por medio
de todas las virtudes, incluso los bienes naturales y
adventicios del cuerpo». Pero tratemos ya de los
filósofos, y sea el primero

TALES

1. Tales, según escriben Herodoto, Duris y Demócrito, tuvo por padre a Examio, y por madre a Cleobulina, de la familia de los Telidas, que son fenicios muy nobles descendientes de Cadmo y de Agenor, como dice también Platón. Fue el primero que tuvo el nombre de sabio, cuando se nombraron así los siete, siendo arconte[14] en Atenas Damasipo, según escribe Demetrio Falero en el Catálogo de los arcontes. Fue hecho ciudadano de Mileto, habiendo ido allá en compañía de Neleo, que fue echado de Fenicia; o bien, como dicen muchos, fue natural de la misma Mileto y de sangre noble.

2. Después de los negocios públicos se dio a la especulación de la Naturaleza. Según algunos, nada dejó escrito; pues la *Astrología náutica* qué se le atribuye dicen es de Foco Samio. (Calímaco le hace inventor de la Ursa menor, diciendo en sus *Yambos:*

Del Carro fue inventor, cuyas estrellas

---

[14] Arconte *Apxwv* fue entre los atenienses la dignidad suprema y cuasi real, como entre los romanos el dictador. Eran nueve los arcones; pero sólo el primer arconte tomaba el nombre de rey o príncipe; y de éste se entiende cuando se cita el arcontado de alguno.

dan rumbo a los fenicios navegantes.)

Pero, según otros, escribió dos cosas que son: *Del regreso* del *sol de un trópico a otro, y Del equinoccio*;«lo demás -dijo- era fácil de entender.» Algunos, son de parecer fue el primero que cultivó la Astrología, y predicó los eclipses del sol y mudanzas del aire, como escribe Eudemón en su *Historia astrológica*; y que por esta causa lo celebraron tanto Jenófanes y Herodoto. Lo mismo atestiguan Heráclito y Demócrito.

3. Tiénenlo muchos por el primero que defendió la inmortalidad del alma; de este número es el poeta Querilo. Fue el primero que averiguó la carrera del sol de un trópico a otro; y el primero que, comparando la magnitud del sol con la de la luna, manifestó ser ésta setecientas veinte veces menor que aquél, como escriben algunos. El primero que llamó *tpiakása* (triacada) la tercera década del mes[15]; y también el primero, según algunos, que disputó de

---

[15] Los griegos dividían los días del mes en tres décadas o decenas, a saber: Comenzante o Incipiente, Media y Declinante o Terminante. Así la voz triacada de Tales fue tanto como decir tercera década; y siendo cumplida, es el día 30 del mes. Decíase de otro modo *polvovtos unvós* o bien *rravouévov*.

la Naturaleza. Aristóteles les e Hipias dicen que Tales atribuyó alma a cosas inanimadas, demostrándolo por la piedra imán y por el electro. Pánfilo escribe que habiendo aprendido de los. egipcios la Geometría, inventó el triángulo rectángulo`` en un semicírculo, y que sacrificó un buey por el hallazgo. Otros, lo atribuyen a Pitágoras[16], uno de los cuales es Apolodoro logístico[17]. También promovió mucho lo que dice Calímaco en su *Yambos* haber hallado Euforbo Frigio, a saber, el triángulo escaleno, y otra: cosas concernientes a la especulación de las líneas.

4. Parece que en asuntos de gobierno fueron su; consejos muy útiles; pues habiendo Creso enviado embajadores a los de Mileto solicitando su confederación en la guerra contra Ciro, lo estorbó Tales, lo cual, salido Ciro victorioso, fue la salvación de Mileto. Refiere Clitón que fue amante de la vida privada y solitaria como leemos en Heráclides. Dicen

---

[16] Cicerón, Vitrubio y otros antiguos atribuyen este hallazgo a Pitágoras. Acaso pueden conciliarse ambas opiniones diciendo que Pitágoras inventó la escuadra, según la describe Vitrubio, lib. IX, cap. II, y Tales demostró que en triángulo inscrito en un semicírculo, cuyo diámetro sea la hipotenusa de aquél, el ángulo a la circunferencia es siempre recto, lo cual es cosa diversa.

algunos que fue casado, y que tuvo un hijo llamado Cibiso; otros, afirman que vivió célibe, y adoptó un hijo de su hermana y que preguntado por qué no procreaba hijos, respondió que «por lo mucho que deseaba tenerlos»[18]. Cuéntase también que apretándole su madre a que se;. casase, respondió que «todavía era temprano»; y que pasados algunos años, urgiendo su madre con mayores instancias, dijo que «ya era tarde». Escribe Jerónimo de Rodas, en el libro II De las cosas memorables, que queriendo Tales manifestar la facilidad con que podía enriquecerse, como hubiese conocido que había de haber presto gran, cosecha de aceite, tomó en *arriendo* muchos olivares, y ganó muchísimo dinero.

5. Dijo que «el agua es el primer principio de las cosas; que el mundo está animado y lleno de espíritus»- Fue inventor de las estaciones del año, y asignó a éste trescientos sesenta y cinco días. No tuvo maestro alguno, excepto que viajando por Egipto se familiarizó con los sacerdotes de aquella

---

[17] Logístico, esto es, computador o contador.

[18] Otra lección dice todo lo contrario, a saber: Porque no deseaba tenerlos. Me parece muy probable el sentir de Issac Casaubono; el cual dice que <<Tales en esta respuesta quiso jugar de la frase ambigua, cuya variación es insensible al pronunciarse, y dice lo contrario>>.

nación. Jerónimo dice que midió las pirámides por medio de la sombra, proporcionándola con la nuestra cuando es igual al cuerpo. Y Minies afirma que vivió en compañía de Trasíbulo, tirano de Mileto.

6. Sabido es lo del trípode que hallaron en el mar unos pescadores, y el pueblo de Mileto lo envío a los *sabios*. 'Fue el caso que ciertos jóvenes jonios compraron a unos pescadores de Mileto un lance[19] de red, y como en ella sacasen un trípode[20], se movió controversia sobre ello, hasta que los milesios consultaron el oráculo de Delfos, cuya deidad respondió:

> ¿A Febo preguntáis, prole milesia,
> cúyo ha de ser el trípode? Pues dadle
> a quien fuere el primero de los sabios.

Diéronlo, pues, a Tales; Tales lo dio a otro sabio; éste a otro, hasta que paró en Solón; el cual,

---

[19] A saber, todo lo que sacasen en una vez que echasen la red al agua, fuese poco o mucho; *jactus rectis*. (Véase Valerio Máximo, lib. IV, capítulo I.)
[20] Era un banquillo de oro, con tres pies. Valerio Máximo lo llama *aurea mensa.- Plutarco, Vida de Solón*.

diciendo que «Dios era el primer sabio», envió el trípode a Delfos[21].

7. De otra manera cuenta esto Calímaco en sus Yambos, como tomado de Leandrio Milesio. «Cierto arcade -dice- llamado Baticles, dejó una taza para que se diera al primero de los sabios. Habiéndola dado a. Tales, y vuelta al mismo hecho el giro de los demás sabios, la dio a Apolo Didimeo, diciendo, según Calímaco:

> Gobernando Nileo a los milesios
> hizo a Dios Tales este don precioso
> que dos veces había recibido.»

Lo cual, narrado en prosa, dice: «Tales Milesio, hijo de Examio, dedicó a Apolo Délfico este ilustre don que había recibido dos veces de los griegos». El que llevó la taza de unos sabios a otros era hijo de Batilo, y se llamaba Tirión, corno dice Eleusis en el libro *De Aquiles*, y Alejo Mindio en el nono *De las cosas fabulosas*.

8. Eudoxo Cnidio y Evantes Milesio dicen que Creso dio una copa de oro a cierto amigo para que la regalase al más sabio de Grecia, y que habiéndola

---

[21] A Apolo Délfico.

da a Tales, de uno en otro sabio vino a parar a Quilón. Preguntado Apolo «quién fuese mas sabio que Quilón, respondió que Misón. De éste hablaremos más adelante. Eudoxo pone a Misón por Cleóbulo, y Platón lo pone por Periandro. La respuesta de Apolo fue:

Cierto Misón Eteo, hijo de Queno,
en la ciencia sublimo es mas perito.

Quien hizo la presunta fue Anacarsis. Démaco Plateense y Clearco dicen que Creso envío la taza a Pitaco, y de él giró por los otros sabios; pero Andrón; tratando del trípode afirma que los argivos pusieron el trípode por premio de la virtud al más sabio de los griegos y habiendo sido juzgado tal Aristodemo Esparciata, éste lo cedió a Quilón.

Hace Alceo memoria de Aristodemo en esta forma:

Pronunció el Esparciata Aristodemo
aquella nobilísima sentencia:
«El rico es sabio; el pobre, nunca bueno.»

23

9. Algunos dicen que Periandro envió a Trasíbulo tirano de Mileto, una nave cargada, y habiendo zozobrado en los mares de Cos, hallaron después el trípode, unos pescadores. Pero Fanódico escribe que fue hallado en el mar de Atenas, remitido a la ciudad, y por decreto público enviado a Biante. El porqué se dirá cuando tratemos de Biante. Otros dicen que lo fabricó Vulcano, y lo regaló a Pélope el día de sus nupcias; que vino a quedar en poder de Menelao; que lo robo Alejandro con Helena, y, finalmente, Lácenas lo arrojó al mar de Cos, diciendo que sería causa de discordia. Después, habiendo unos de los pescadores un lance de red y cogido el trípode, se movió contienda sobre ello. Llegaron a Coa las querellas; pero como nada se decidiese, dieron parte a Mileto, que era la capital. Enviaron los milesios comisionados para que ajustasen aquel negocio, pero no habiendo podido conseguirlo, tomaron las armas contra Cos. Viendo que morían muchos de una y otra parte dijo el oráculo «se diese el trípode al varón más sabio»,y ambas partes convinieron en darlo a Tales. Éste, después que circuyó por los demás y volvió a su mano lo dedicó a Apolo Didimeo. A los de Cos les dio oráculo esta respuesta:

No cesará de Cos y de Mileto
la famosa contienda, mientas tanto
que ese trípode de oro (que Vulcano
tiro al mar) no sacáis de vuestra patria
y llega a casa del varón que sepa
lo pasado, presente y venidero.

Y a los milesios, dijo:

¿A Febo preguntáis, prole milesia...?

como ya dijimos. Pero de esto ya basta.

10. Hermipo en las Vidas atribuye a Tales lo que otros refieren de Sócrates. «Decía -escribe Hermipo- que por tres cosas daba gracias a la fortuna: la primera, por haber nacido hombre y no bestia; segunda, varón y no mujer; tercera, ,riego y no bárbaro.» Refiérese que habiéndole una vieja sacado de casa para que observase las estrellas, cayó en un hoyo, y como se quejase de la caída, le dijo la vieja: «¡Oh, Tales, tú presumes ver lo que está en el cielo, cuando no ves lo que tienes a los pies!» Ya notó

Timón que fue muy aplicado a la Astronomía, y le nombra en sus Sátiras[22], diciendo:

> Así como el gran Tales
> astrónomo fue y sabio entre los siete.

No escribió más, según dice Lobón Argivo, que hasta unos doscientos versos[23]; y que a su retrato se pusieron éstos:

> Tales es el presente a quien Mileto
> en su seno nutrió; y hoy le dedica,
> copio el mayor astrónomo, su imagen.

Entre los versos *adomenos*[24], éstos son de Tales:

> Indicio y seña de ánimo prudente
> nos da, quien habla poco.
> Alguna cosa sabía,
> alguna cosa ilustre elige siempre:

---

[22] *Evtoís* ,in Sillis. Eran versos satíricos, por cuya razón traduzco Sátiras.

[23] Se entiende versículos o renglones de la obra.

[24] *Aboqévwv*. Eran versos muy largos, semejantes a la prosa, como muchos de Plauto, con los cuales escribían los antiguos filósofos algunas sentencias útiles y deleitables.

Quebrantarás así locuacidades.

11. Por suyas se cuentan estas sentencias: «De los seres, el más, antiguo es Dios, por ser ingénito; el más hermoso es el mundo, por ser obra de Dios; el más grande es el espacio, porque lo encierra todo; el más veloz es el entendimiento, porque corre por todo; el más fuerte es la necesidad, porque todo lo vence; el más sabio es el tiempo, porque todo lo descubre». Dijo que «entre la muerte y la vida no hay diferencia alguna»; y arguyéndole uno diciendo: «Pues ¿por qué no te mueres tú?», respondió: «Porque no hay diferencia». A uno que deseaba saber quén fue primero, la noche o el día, respondió: «La noche fue un día antes que el día». Preguntándole otro si los dioses veían las injusticias de los hombres, respondió: «Y aun hasta los pensamientos». A un adúltero que le preguntó si juraría no haber adulterado, respondió: «Pues ¿no es peor el perjurio que el adulterio?»

12. Preguntado qué cosa es difícil, respondió: «El conocerse a sí mismo». Y también, qué cosa es fácil, dijo: «Dar consejo a otros». ¿Qué cosa es suavísima? «Conseguir lo que se desea». ¿Qué cosa es Dios? «Lo que no tiene principio ni fin». ¿Qué cosa

vemos raras veces? «Un tirano viejo». ¿Cómo sufrirá uno más fácilmente los infortunios? «Viendo a sus enemigos peor tratados de la fortuna». ¿Cómo viviremos mejor y más santamente? «No cometiendo lo que reprendemos en otros». ¿Quién es feliz? «El sano de cuerpo, abundante en riquezas y dotado de entendimiento». Decía que «nos debemos acordar de los amigos ausentes tanto como de los presentes. Que no el hermosear el exterior es cosa loable, sino el adornar el espíritu con las ciencias». «No te enriquezcas - decía también- con injusticias; ni publiques secreto que se te ha fiado. El bien que hicieres a tus padres, espéralo de tus hijos. Fue de opinión que las inundaciones del Nilo son causadas por los vientos etesios que soplan contra la corriente.

13. Dice Apolodoro, en sus *Crónicas,* que Tales nació el año primero de la Olimpíada XXXV, y murió el setenta y ocho de su edad, o bien el noventa, habiendo fallecido en la Olimpíada LVIII, como escribe Sosícrates. Vivió en los tiempos de Creso, a quien prometió le haría pasar el río Halis sin puente, esto es, dirigiendo las aguas por otro álveo.

14. Demetro de Magnesia, en la obra que escribió de los *Colombroños*[25], dice hubo otros cinco Tales. El primero fue un retórico calanciano, imitador despreciable; el segundo, un pintor sicionio muy ingenioso; el tercero, fue muy antiguo y del tiempo de Hesíodo, Homero y Licurgo; el cuarto, lo nombra Duris en su Libro de la Pintura; y el quinto, es moderno y de poco nombre, del cual hace memoria Dionisio en su *Crítica*.

15. Tales el sabio murió estando en unos espectáculos gimnásticos, afligido del calor, sed y debilidad propia, por ser ya viejo. En su sepulcro se puso este epigrama:

> Túmulo esclarecido, aunque pequeño,
> es éste; pues encierra la grandeza
> de los orbes celestes, que abreviados
> tuvo en su entendimiento el sabio Tales.

Otro hay mío en el libro I de los Epigramas, o Colección de metros[26], y es:

---

[25] *Ev tol óqwvúqols: in homonymis*. Esta obra de Demetrio se intitula: De los poetas que tuvieron un mismo nombre.
[26] *Ev rraqqétpw*. Otras veces traduzco Miscelánea métrica.

Las gimnásticas luchas observando
atento en el estadio el sabio Tales,
arrebatóle Júpiter Eleo.
Bien hizo en acercarle a las estrellas,
cuando por la vejez ya no podía
las estrellas mirar desde la tierra.

De Tales es aquella sentencia: «Conócete a ti mismo», aunque Antístenes, en las Sucesiones, dice es de Femonoe, y se la arrogó Quilón.

16. De los siete sabios, cuya memoria en general es y, digna de este lugar, se dice lo siguiente: Damón Cirineo, que escribió *De los filósofos,* los censura a todos; pero en especial a los siete. Anaximenes dice que más fueron afectos a la poesía que otra cosa. Dicearco, que no fueron sabios ni filósofos, sí sólo unos hombres expertos y legisladores. Dice también haber leído el Congreso de los siete sabios en presencia de Cipseto, que escribió Arquétimo Siracusano. Euforo refiere que se congregaron todos siete en presencia de Creso, excepto Tales. Otros dicen que también se hallaron juntos en Panionio[27], en Corinto y en Delfos. Hay igualmente: variedad de

---

[27] Panionio fue una ciudad y templo de la Jonia: Herodoto, Estrabón, Vitrubio, Mela, Estéfano, Diodoro, etc.

opiniones sobre sus dichos o sentencias atribuyéndose unas mismas a diferentes, v gr., la siguiente:

Dijo el sabio Quilón Lacedemonio:
«Todo exceso es dañoso: obrar a tiempo
es el mejor obrar y más laudable.»

17. Dispútase también de su número; pues Leandrio pone a Leofante Gorsiada, natural de Lebedo o de Éfeso, y a Epiménides Cretense, en vez de Cleóbulo y Misón; Platón, en su *Protágoras,* pone a Misón por Periandro. Eforo, por Misón a Anacarsis; otro añaden a Pitágoras. Dicearco, por cónsentimiento general, pone cuatro, que son: Tales, Biante, Pitaco Solón. Luego nombra otros seis: Aristodemo, Pánfile Quilón Lacedemonio, Cleóbulo, Anacarsis y Periandro- de los cuales elige tres. Algunos añaden a Acusilao y a Caba o Escabra Argivo. Hermijo, en su tratado *De los sabios,* pone diecisiete, y deja que el lector elija de ellos los siete que quiera. Son éstos: Solón, Tales, Pitaco, Biante; Quilón, Cleóbulo, Periandro, Anacarsis, Acusilao, Epiménides, Leofanto, Ferecides, Aristodemo, Pitágoras, Laso (hijo de Carmantides o de Simbrino, o bien, según dice Aristoxeno, hijo de Cabrino Her-

mioneo) y Anaxágoras. Finalmente, Hipoboto, en su libro De los filósofos, los pone en el orden siguiente: Orfeo, Lino, Solón, Periandro, Anacarsis, Cleóbulo, Misón, Tale, Biante, Pitaco, Epicarmo y Pitágoras.

18. Atribúyense a Tales las epístolas siguientes:

TALES A FERECIDES

«He sabido eres el primer jonio que estás para publicar en Grecia un escrito acerca de las cosas divina. Acaso será mejor consejo publicar estas cosas por escrito que no fiarlas a algunos poros que no hagan mucho caso del bien común. Quisiera, si tienes gusto, me comunicaras lo que escribes; y aun si lo permites, pasaré a Sirón a verte, porque cierto no somos tan estólidos yo y Solón Ateniense, que habiendo navegado a Creta a fin de hacer nuestras observaciones, y a Egipto para comunicar con los sacerdotes y astrónomos, lo dejemos de hacer ahora para ir a verte. Irá, pues, Solón conmigo, si gustas, ya que tú, enamorado de ese país, pocas veces pasas a Jonia, ni solicitas la comunicación con los forasteros; antes bien, según pienso, el escribir es tu única ocupación. Nosotros, que nada escribimos, viajamos por Grecia y Asia.»

TALES A SOLÓN

19. «Si te vas de Atenas, creo puedes habitar con mucha comodidad en Mileto, como que es colonia vuestra, pues en ella no sufrirás molestia alguna. Si abominas los tiranos de Mileto, cono ejecutas con todos los demás tiranos, podrás vivir alegre en compañía de nosotros tus amigos. Biante te envió a decir pasases a Priena; si determinas vivir en Priena, iremos también nosotros a habitar contigo.»

SOLÓN

1. Solón, hijo de Execestides, natural de Salamina, quitó a los atenienses el gravamen que llamaban sisactia, que era una especie de redención de personas y bienes. Hacíase comercio de personas, y muchos servían por pobreza. Debíanse siete talentos al patrimonio de Solón; perdonó a los deudores, y movió a los demás con su ejemplo a ejecutar lo mismo. Esta ley se llamó *sisactia*, la razón de cuyo

nombre es evidente[28]. Pasó de allí a establecer otras leyes (cuyo catálogo sería largo de formar), y las publicó escritas en tablas de madera[29].

2. Célebre fue también otro hecho suyo. Disputábanse con las armas los atenienses y megarenses la isla de Salamina, su patria; hasta que habiéndose ya derramado mucha sangre, comenzó a ser delito capital en Atenas proponer la adquisición de Salamina por medio de las armas. Entonces Solón, fingiéndose loco repentinamente, salió coronado a la plaza, donde leyendo por medio de un pregonero a los atenienses ciertas elegías que había compuesto sobre Salamina los conmovió de modo que renovaron la guerra a los megarenses y los vencieron, por esta sutileza de Solón. Los versos con que principalmente indujo a los atenienses son éstos:

Primero que ateniense, ser quisiera
isleño folegandrio, o sicinita.
Aun por ellas la patria permutara,
puesto que ha de decirse entre los hombres:

---

[28] Significa *remisión o condonación de las deudas.*
[29] De estas tablas de Solón se dice tuvieron origen las Leyes de las doce tablas entre los romanos.

«Este es un ateniense de los muchos
que a Salamina abandonada dejan.»

Y después:

Vamos a pelear por Salamina,
isla rica y preciosa, vindicando
el gran borrón que nuestro honor padece.

3. Indujo también a los atenienses a que toma-
sen; el Quersoneso Táurico. Para que no pareciese
que los atenienses habían tomado a Salamina sólo
por la fuerza, y no por derecho, abrió diferentes
sepulcros, e hizo ver que los cadáveres estaban se-
pultados de cara al Oriente, lo cual era rito de los
atenienses en enterrar sus muertos. Lo mismo demostró por los edificios sepulcrales, construídos de
cara al Oriente, y con lo: nombres de las familias
esculpidos; lo cual era propio de los atenienses. Algunos dicen que al *Catálogo*[30] de Homero, después
del verso

Ayax de Salamina traía doce naves,

---

[30] Al catálogo que forma Homero de las naves que los pueblos de Grecia enviaron a la expedición de Troya.

añadió el siguiente:

> Y las puso donde estaban las falanges de
> los atenienses.

4. Desde entonces tuvo en su favor la plebe, y gustosa quisiera fuese su rey[31]; pero él no sólo no adhirió, sino que aun, como dice Sosícrates, se opuso vigorosamente a su pariente Pisístrato, cuando supo que procuraba tiranizar la República. Estando congregado el pueblo, salió en público armado con peto y escudo y manifestó los intentos de Pisístrato. No sólo esto, sino que aun se mostró dispuesto al socorro, diciendo: «Oh atenienses, yo soy entre vosotros más sabio que unos y más valeroso que otros; soy más sabio que los que no advierten lo que fragua Pisístrato, y más valeroso que los que lo conocen y callan por miedo». El Senado, que estaba

---

[31] *Tupavveíóoai*. Laercio usa algunas veces promiscuamente el nombre tirano y el de rey, sin embargo de que son cosas muy distintas. Tirano, *Túpavvos*, era entre los griegos cualquiera que se alzaba rey en algún pueblo libre o república, v. Gr., Pisístrato en Atenas. Rey *Baoineús*. Era el que tenía el reino por voluntad de los vasallos.

por Pisístrato, decía que Solón estaba loco; pero él respondió:

> Dentro de un breve tiempo, oh atenienses,
> la verdad probará si estoy demente.

Los élegos que pronunció sobre la dominación tiránica que premeditaba Pisístrato, son éstos:

> Como las nubes, nieves y granizos
> arrojan truenos, rayos y centellas,
> así en ciudad de muchos poderosos
> caerá el ciego pueblo en servidumbre.

No queriendo, pues, Solón sujetarse a Pisístrato, que finalmente tiranizó la República, dejó las armas delante del Pretorio, diciendo: «¡Oh patria!, te he auxiliado con palabras y con obras». Navegó a Egipto y Chipre. Estuvo con Creso, y preguntándole éste a quién tenía por feliz, respondió que «a Tello Ateniense, a Cleobis y a Bito», con lo demás que de esto se cuenta. Dicen algunos que habiéndose adornado Creso una vez con toda clase de ornatos, y sentándose en su trono, le preguntó si había visto nunca espectáculo más bello, a que respondió:

«Lo había visto en los gallos, faisanes y pavos, pues éstos resplandecían con adornos naturales y maravillosa hermosura».

5. De aquí pasó a Cilicia; fundó una ciudad que de su nombre llamó Solos, y la pobló ele habitantes atenienses, los cuales, como andando el tiempo perdiesen en parte el idioma patrio, se dijo que *solecizaban*. De aquí se llamaron éstos *solenses*, y los de Chipre solios. Sabido que Pisístrato perseveraba en el reinado, escribió a los atenienses en esta forma:

> Si oprimidos os veis, echad la culpa
> sobre vosotros mismos, no a los dioses.
> Dando a algunos poder, dando riquezas,
> compráis la servidumbre más odiosa.
> De ese varón os embelesa el habla,
> y nada reparáis en sus acciones.

Hasta aquí Solón. Luego que Pisístrato supo su fuga, le escribió así:

PISISTRATO A SOLÓN

6. «Ni yo soy el primer ateniense que se alzó con el reino, ni me arrogo cosa que no me perte-

nezca, siendo descendiente de Cécrop. Tómome lo mismo que los atenienses juraron dar a Codro y sus descendientes, y no se lo dieron. Respecto a lo demás, en nada peco contra los dioses ni contra los hombres, pues gobierno según las leyes que tú mismo diste a los atenienses, observándose mejor así que por democracia. No permito se perjudique a nadie; y aunque rey, no me diferencio de la plebe, excepto la dignidad y honor, contentándome con los mismos estipendios dados a los que reinaron antes. Separa cada ateniense el diezmo de sus bienes, no para mí, sino a fin de que haya fondos para los gastos de los sacrificios público, utilidades comunes y guerras que puedan ofrecerse. No me quejo de ti porque anunciaste al pueblo mis designios, puesto que los ,anunciaste antes por bien de la República que por odio que me tengas, como también porque ignorabas la calidad de mi gobierno, pues a poder saberlo, acaso hubieras adherido a mi hecho, y no te hubieras ido. Vuelve, pues, a tu casa, y créeme aun sin juramento, que en Pisóstrato nada habrá ingrato para Solón. Sabes que ningún detrimento han padecido por mí ni aun mis enemigos. Si gustas ser uno de mis amigos, serás de les más ínfimos, pues no veo en ti ninguna infidelidad ni dolo.

Pero si no quieres vivir en Atenas, haz como gustes, con tal que no estés ausente de la patria por causa mía.» Hasta aquí Pisístrato.

7. Dice Solón que «el término de la vida son setenta años». También parecen suyas estas ilustres leyes: «Quien no alimente a sus padres, sea infame, y lo mismo quien consuma su patrimonio en glotonerías. El que viviere ocioso, pueda ser acusado de quien acusarlo quiera.» Lisias dice, en la *Oración que escribió contra Nicia*, que Dracón fue quien dejó escrita dicha ley, y que Solón la promulgó. También, que, «quien hubiese padecido el *nefas* fuese removido del Tribunal».

8. Reformó los honores que se daban a los atletas, y estableció que a quien venciese en los olímpicos se le diesen quinientas dracmas; al que en los ístmicos, ciento; y así en los demás certámenes. Decía que ningún bien se seguía de engrandecer semejantes honores; antes bien, debían darse a los que hubiesen muerto en la guerra, criando e instruyendo sus hijos a expensas del público, pues con este estímulo se portan fuertes y valerosos en los combates; verbigracia, Policelo, Cinegiro, Calmaco y cuantos pelearon en Maratón. Lo propio digo de Harmodio, Aristogitón, Milcíades y otros infinitos.

Pero los atletas y gladiadores, además de ser de mucho gasto, aun cuando vencen son perniciosos, y antes son coronados contra la patria que contra sus antagonistas. Y en la senectud

son ropa vieja, a quien dejó la trama,

como dice Eurípides. Por esta causa moderó Solón sus premios.

9. Fue también autor de aquella ilustre ley de que «el curador no cohabite con la madre de los pupilos», y que «no pueda ser curador aquel a quien pertenezcan los bienes de los pupilos, muertos éstos». También que «los grabadores de sellos en anillos, vendido uno, no retuviesen otro de igual grabado». Que «a quien sacase a un tuerto el ojo que le quedaba, se le sacasen los dos». Igualmente: «No tomes lo que no pusiste; quien hiciere lo contrario, sea reo de muerte». «El príncipe .que fuese hallado embriagado, sea condenado a pena capital.»

10. Escribió para que se coordinasen los poemas de Homero, a fin de que sus versos y contexto tuviesen entre sí mayor correlación. Solón, pues, ilustró más a Homero que Pisístrato, como dice

Dieuquidas en el libro V de la historia Megárica. Los principales versos eran:

A Atenas poseían, etc.

Fue Solón el primero que llamó viejo y nuevo al último día del mes[32], y el primero que estableció los nueve arcontes para sentenciar las causas, como escribe Apolonio en el libro II *De los legisladores*. Movida una sedición entre los de la ciudad, campestres y marinos por ninguna de las partes estuvo.

11. Decía que «las palabras son imagen de las obras. Rey, el de mayores fuerzas. Las leyes, como las telarañas; pues éstas enredan lo leve y de poca fuerza, pero lo mayor las rompe y se escapa. Que la palabra debe sellarse con el silencio, y el silencio con el tiempo. Que los que pueden mucho con los tiranos son como las notas numerales que usamos en los cómputos; pues así como cada una de. ellas ya vale más, ya menos, igualmente los tiranos exaltan a unos y abaten a otros.» Preguntado por qué no había puesto ley contra los parricidas, respondió: «Porque no espero los haya». ¿De qué forma no ha-

---

[32] Véase la nota 15. Aristóteles en sus nubes; Plutarco en la Vida de Solón.

rán los hombres injusticias? «Aborreciéndolas los que no las padecen igualmente que los que las padecen.» Que «de las riquezas nace el fastidio, y del fastidio la insolencia»[33], Dispuso que los atenienses contasen los días según el curso de la luna. Prohibió a Tespis la representación y enseñanza de tragedias, como una inútil falsilocuencia[34] (34). y cuando Pisístrato se hirió a sí mismo, dijo Solón: «De allí provino esto».

12. Según dice Apolodoro en el libro De las sectas filosóficas, daba a los hombres esos consejos: «Ten por más fiel la probidad que el juramento. Piensa en acciones ilustres. No hagas amigos de

---

[33] Tbpis puede significar muchas cosas, como son: injusticia, fausto, soberbia, petulancia, orgullo, protervia, maldad, etc. Todos o algunos de estos vicios pueden y suelen originarse de las riquezas en el hombre. Parecíome que la voz insolencia es la que mejor cuadra aquí, singularmente siguiéndose Kopóv.

[34] Así traduzco la voz (pcudología) por evitar perífrases, persuadido de que la entenderá cualquiera. En cuanto a la prohibición de las tragedias, digo que parece una humorada el Solón, y aun puerilidad pensar que el haberse Pisístrato herido así mismo (a fin de que el Senado ateniense le diese la gente de guardia, suponiendo le habían querido matar) pudiera originarse de las tragedias. Este fue un golpe de política refinada con que comenzó Pesístrato a fraguar su tiranía, como lo consiguió. Véase la carta de Solón a Epiménides.

presto, ni dejes los que ya hubieres hecho. Manda cuando hubieres ya aprendido a obedecer. No aconsejes lo más agradable, sino lo mejor. Toma por guía la razón. No te familiarices con los malos. Venera a los dios es. Honra a los padres.»

13. Dícese que habiendo Mimnermo escrito:

> Ojalá que sin males ni dolencias,
> que lo consumen todo, circunscriban
> el curso de mi vida sesenta años,

le reprendió diciendo:

> Si creerme quisieres, esto borra,
> Mimnermo, y no te ofenda te corrija.
> Refúndelo al momento, y :así canta:
> «Mi vida se termine a los ochenta.»

Los adomenos[35] que de Solón se celebran son:

> Examina los hombres uno a uno,
> y observa si con rostro placentero
> ocultan falsedad sus corazones,
> y si hablan con doblez palabras claras

de oscuro entendimiento precedidas.

Consta que escribió leyes, oraciones al pueblo, algunas exhortaciones para sí mismo, elegías, sobre las Repúblicas de Salamina y Atenas, hasta cinco mil versos: diversos yambos y épodos. A su retrato se puso este epigrama:

La ilustre Salamina, que del Medo
el orgullo abatió, fue dulce madre
del gran Solón, legislador divino.

14. Floreció principalmente cerca de la Olimpíada XLVI, en cuyo tercer año fue príncipe de los atenienses[36], como dice Sosícrates, puesto que entonces instituyó las leyes. Murió en Chipre el año ochenta de su edad, dejando a los suyos orden de llevar sus huesos a Salamina, y reducidos a cenizas, esparcirlas por toda la ciudad. Por esta causa Cratino le hace hablar en su Quirón de esta manera:

Habitó, según dicen, esta isla,
por todo el pueblo de Ayax esparcido.

---

[35] Qué cosa fuesen adomenos, se dijo en la nota 24.
[36] Esto es, fue primer arconte.

En mi □□□□□□□ mappérpo (Panmetro), ya citado[37], en que procuré componer epigramas en toda especie de verso y ritmos acerca de todos los varones célebres en doctrina, hay sobre Solón uno que dice así:

> De Solón Salaminio al frío cuerpo,
> de Chipre el fuego convirtió en cenizas,
> que de su patria en los fecundos campos
> producirán ubérrimas espigas;
> pero el alma ya fue derechamente
> a la celeste patria conducida
> por los ligeros ejes[38], en que un tiempo
> sus soberanas leyes dejó escrita.

Por suya tiene la sentencia: Nihil nimis[39]. Dioscórides refiere en sus Comentarios que llorando

---

[37] Véase la nota 26.

[38] Parece una aquí Learcio del equívoco para significar tanto el eje de una carroza como las tablas en que Solón escribió sus leyes, usando esta figura de traslación con decir: "que dichos ejes lo condujeron a la inmortalidad, como en carros de triunfo."

[39] He dejado en Latín la sentencia, por no haber podido hallar en español palabras tan breves que la expresen con ener-

Solón por habérsele muerto un hijo (de cuyo nombre no consta), como le dijese uno que de nada le aprovechaba el llanto, respondió: «Por eso mismo lloro, porque de nada me aprovecha»[40]. Sus epístolas son ésta:

SOLÓN A PERIANDRO

15. «Dícesme que muchos ponen asechanzas contra ti. Aunque quieras exterminarlos, no te precaverás; te las pondrán el que menos sospeches; uno, porque te tema; otro, conociéndote digno de muerte, por ver no hay cosa que no temas. Aun hará obsequio al pueblo el menos sospechoso que te quite la vida. Para quitar la causa, sería lo mejor dejar el imperio; pero si quieres absolutamente perseverar en él, te será preciso tener fuerzas mayores que las de la ciudad. De este modo ni habrá quien te sea temible, ni te desharás de ninguno.

---

gía. Quién no quede satisfecho, podrá leer: "No haya exceso en nadas, o cosa semejante.

[40] Parece quiso significar que la causa de su llanto era no haber ningún remedio para la muerte; pues si lo hubiera, no llorará.

SOLÓ A EPIMÉNIDES

16. «Ni mis leyes, en la realidad, habían de ser de grande emolumento para los ateniense, ni menos lo fuiste tú con partirte de la ciudad; pues no sólo pueden auxiliar a las ciudades los dioses y los legisladores, sino también los que siempre forman la multitud, a cualquiera parte que se inclinen. A éstos les son provechosos los dioses, y las leyes, si proceden debida y rectamente; pero si administran mal, de nada les sirven. No cedieron ciertamente en mayor bien mis leyes y establecimientos; porque los que manejaban el común han perjudicado con no estorbar que Pisístrato se alzase rey, ni dieron crédito a mis predicciones. Él, que halagaba a los atenienses, fue más creído que yo, que los desengañaba. Armado delante del Senado, dije que yo era más sabio que los que no advertían que Pisístrato quería tiranizarlos, y más valeroso que los que por miedo no le repelían». Pero ellos creyeron que Solón", estaba loco. Por último, di público testimonio en esta forma: «¡Oh patria! Solón está aquí dispuesto a darte socorro de palabra y de obra aunque, por el contrario, creen éstos que estoy loco. Así, único enemigo de Periandro, me ausento de ti.

Esos otros sean, si gustan, sus alabarderos». Sabes, oh amigo, con cuánta sagacidad invadió el solio. Empezó adulando al pueblo; después, hiriéndose a sí mismo, salió ante, el Senado, diciendo a gritos que le habían herido sus contrarios, y suplicó le concediesen cuatrocientos alabarderos de guardia. Y ellos, no oyendo mis amonestaciones, selos otorgaron, armados con clavas; y seguidamente subyugó la República. En vano, pues, me desvelaba en libertar a los pobres de la servidumbre, puesto que en el día todos son esclavos de Pisístrato.»

SOLÓN A PISÍSTRATO

17. «Creo que de ti no me vendrá daño alguno, puesto que antes de tu reinado era tu amigo, y hoy no te soy más enemigo que los demás atenienses que aborrecen el estado monárquico. Piense cada cual si le está mejor ser gobernado por uno o por muchos. Confieso eres el más benigno de los tiranos; sin embargo, veo no me conviene volver a Atenas, no sea se me queje alguno de que habiendo yo puesto el gobierno de ella en manos de todos igualmente, y abominando el monárquico, ahora con mi regreso parezca lisonjar tu hecho.»

SOLÓN A CRESO

18. «Me causa gran maravilla tu amistad para conmigo; y te juro por Minerva que, a no haber ya resuelto habitar en gobierno democrático, querría antes vivir en tu reino que en Atenas, violentamente tiranizada por Pisistrato. Pero yo vivo más gustoso en donde los derechos son iguales entre todos. Bajaré, no obstante, ahí, siquiera por ser tu huésped un breve tiempo.»

QUILÓN.

1. Quilón, hijo de Damageto[41], fue lacedemonio. Compuso alunas elegías hasta en doscientos versos. Decía que «las previsiones que se pueden comprender por raciocinios son obra del varón fuerte». A su hermano, que se indignaba de que no le hacían éforo[42] siéndole él respondió: «Yo sé sufrir injurias,

---

[41] Estobeo lo llama Pageto, Suidas nombra cierto Damageto de Heraclea.
[42] Era esta dignidad entre los lacedemonios un magistrado anualmente elegido, compuesto de cierto número de individuos, para moderar la exorbitante libertad y capricho de sus reyes. A semejanza de los éforos se hicieron después un ma-

pero tú no». Fue hecho éforo hacia la Olimpíada LV, aunque Pánfilo dice que en la LVI; y que fue primer éforo[43] siendo arconte Eutidemo, como dice Sosícrates. Que estableció el primero que los éforos estuviesen ungidos al rey; bien que Sátiro dice que esto lo haba establecido y a Licurgo. Herodoto dice, en el libro primero, que estando Hipócrates[44] sacrificando en Olimpia, como las calderas hirviesen por sí solas[45], le aconsejó Quilón que no se casase, o dejase la mujer si era ya casado, y abdicase los hijos.

2. Dícese que, preguntándole Esopo «qué era lo que hacía Júpiter» respondió: «Humilla los excelsos, y ele- va los humildes». Preguntado «en qué se diferencia el sabio del ignorante», respondió: «En las buenas esperanzas». «Qué cosa era dificultosa», respondió: «Guardar el secreto, emplear bien el ocio y sufrir injurias». Daba los preceptos siguientes: «Detener la lengua, singularmente en convites; no ha-

---

gistrado tan poderoso y absoluto, que declinó en insolente, y no se levantaba a presencia del rey. Aun llegó a arrogarse la potestad de ponerlo preso en caso necesario. Por estos excesos de poder usurpado, dice Plutarco que Cleómenes, hijo de Leónidas, quitó los éforos.
[43] Entiendo el principal de los de aquel año; pues la primera institución de este magistrado fue sin duda más antigua.
[44] Hipócrates, padre de Pisístrato.
[45] Antes de encender el fuego.

blar mal del prójimo, si no queremos oír de él cosa que nos pese; no amenazar a nadie, por ser cosa de mujeres; acudir primero a los infortunios que a las prosperidades de los amigos; casarse sin pompa; no hablar mal del muerto; honrar los ancianos; guardarse de sí mismo; escoger antes el daño que el lucro torpe, porque lo primero se siente por una vez, lo segundo para siempre; no burlarse del desgraciado; el poderoso sea humano, para que los prójimos antes lo celebren que lo teman aprender a mandar bien su casa; no corra la lengua más que el entendimiento; reprimir la ira; no perseguir con baldones la adivinación; no querer imposibles; no apresurarse en el camino; no agitar la mano cuando se habla, por ser cosa de necios; obedecer las leyes; amar la soledad».

3. Entre sus adomenos[46], éste fue el más plausible: «Por la piedra de toque se examina el oro, dando prueba de sus quilates, y por el oro se prueba el ánimo del hombre bueno o del malo». Refiérese que, siendo ya viejo, crecía que no se acordaba de haber obrado en su vida injustamente; sólo dudaba de una cosa, y era que habiendo una vez de condenar en justicia aun amigo, y queriendo proceder se-

gún las leyes, le instó a que le recusase, y así cumplió con la ley y con el amigo. Fue celebradísimo, especialmente entre los griegos, por haber predicho lo de Citere, isla de Laconia, pues teniendo observada su situación, dijo: «¡Ojalá nunca hubiese existido, o bien se hubiese sumergido acabada de nacer!» Tenía bien previsto lo que después sucedió, pues Demarato, huyendo de Lacedemonia, aconsejó a Jeries pusiese sus naves en esta isla. Y si; Jeries lo hubiera ejecutado, ciertamente hubiera Grecia venido a su poder. Pero después Nicias, en la guerra del Peloponeso, ganó la isla, la hizo presidio de los atenienses, y causó infinitos daños a los lacedemonios.

4. Era Quilón breve en el hablar, por cuya causa Aristágoras Milesio llama quilonio a este estilo, y dice que también lo usó Branco, el que construyó el templo de los *branquidas*.

5. Hacia la Olimpíada LII era ya viejo; en cuyo tiempo florecía Esopo, el compositor de fábulas. Murió, según dice Hermipo, en Pisa, dando la enhorabuena a su hijo, que había salido vencedor en los juegos olímpicos, en la lucha de puñadas. Murió del excesivo placer, y debilidad de la vejez. Todos los

---

[46] Véase la nota 24.

del concurso lo honraron en la muerte. Mi epigrama a Quilón es el siguiente:

A ti mil gracias, Pólux rutilante,
con cuyo auxilio de Quilón el hijo
consiguió el acebuche siempre verde,
en lucha de puñadas. Si su padre,
al contemplar al hijo coronado,
murió de mozo, nadie le condene
¡Dichoso yo, si tal mi muerte fuera!

A su imagen se puso esta inscripción:

La fuerte en lanzas y valiente Esparta
sembró a Quilón[47],primero de los siete.

Apotegma suyo es: «¿Prometes? Cerca tienes el daño. Suya. es también esta breve carta:

QUILÓN A PERLANDRO

6. «Escríbesme sobre la expedición que quieres emprender contra los que de ahí están ausentes, en la cual irás tú mismo. Yo juzgo que un monarca tie-

ne en peligro hasta las cosas de su casa, y tengo por feliz al tirano que muere en su cama sin violencia.»

PITACO

1. Pitaco, hijo de Hirradio, fue natural de Mitilene; pero dicho su padre fue de Tracia, según escribe Duris. Pitaco, en compañía de los hermanos de Alceo, destronó a Melancro, tirano de Lesbos. Disputándose con las armas los atenienses y mitilenos los campos aquilitides, y siendo Pitaco el conductor del ejército, salió a batalla singular con Frinón, capitán de los atenienses, que era pancraciaste y olimpiónico[48]. Ocultó la red debajo del escudo, enredó de improviso a Frinón, y quitándole la vida, conservó a Mitilene el campo que se disputaban aunque después se lo disputaron nuevamente ante Periandro, oidor de esta causa, el cual lo adjudicó a los atenienses, según dice Apolo doro en las Crónicas. Desde entonces tuvieron los mitilenos a Pitaco en grande estima, y le dieron el mando, del cual hizo voluntaria dejación después de haber gobernado diez años la República y puéstola en orden.

---

[47] Plantó, sembró, y por traslación, procreó, produjo.
[48] Atleta y luchador en los juegos olímpicos y otros.

Sobrevivió a esto otros diez años. Un campo que los mitilenos le dieron, lo consagró, y aun hoy se llama Pitaqueo. Sosíciates escribe que habiendo quitado a este campo una pequeña parte, dijo que «aquella parte era mayor que el todo»[49].

2. No recibió una porción de dinero que Creso le daba, diciendo que «tenía doblado de lo que quería»: había heredado los bienes de su hermano muerto sin hijos. Pánfila dice, en el libro II de sus Comentarios, que estando Tirreo, hijo de Pitaco, en la ciudad de Cumas sentado en casa de un barbero, lo mató un broncista tirándole una hacha; y que habiendo los cumanos enviado el agresor a Pitaco, éste, sabido el caso, le absolvió, diciendo que «el perdón era mejor que el arrepentimiento»[50]. Pero Heráclito dice que habiendo ido preso a manos de Alceo, le dio la libertad, diciendo que «mejor era el perdón que el castigo». Puso leyes contra la embriaguez, por las cuales caía en doblada pena el que se embriagaba, a fin de que no lo hiciesen, habiendo mucho vino en la isla. Decía que «era cosa difícil ser

---

[49] Porque bastándole aquella, todo el campo le era de sobra, y aun gravoso.
[50] Mejor que el arrepentimiento de haberlo castigado cuando ya no tendría más remedio.

bueno» de lo cual hace también y memoria Simónides, diciendo:

Que es cosa muy difícil
ser el varón perfectamente bueno,
de Pitaco es sentencia verdadera.

Platón en su Protágoras hace memoria de aquellas sentencias de Pitaco: «A la necesidad ni aun los dioses repugnan. El mando manifiesta quién es el hombre».

3. Preguntado una vez qué es lo mejor, respondió: «Ejecutar bien lo que se emprende». Preguntóle Creso cuál era el imperio mayor, y respondió que «el de maderas diferentes», significando por ello las leyes[51]. Decía también que «las victorias habían de conseguirse sin sangre. A Focaico, que decía que convenía buscar un hombre diligente, respondió: «No lo hallarás, por más que lo busques» A unos que preguntaban qué cosa fuese muy grata, respondió: «El tiempo». ¿Qué cosa incógnita? «Lo venidero». ¿Qué cosa fiel? «La tierra». ¿Qué cosa infiel? «El mar». Decía que «es propio de los varones pruden-

---

[51] Como escritas en tablas, según arriba dijimos en la vida de Solón, nota 29.

tes precaverse de las adversidades antes que vengan, y de los fuertes tolerarlas cuando han venido. No publiques antes lo que piensas hacer, pues si se te frustra se reirán de ti. A nadie objetes su infelicidad, no sea que te expongas a quejas bien fundadas. Vuelve a su dueño lo que recibieres en depósito. No hables mal del amigo, ni aun del enemigo. Ejercita la piedad. Ama la templanza. Guarda verdad, fe, prudencia, destreza, amistad y diligencia».

4. Sus más celebrados adomenos son:

> Contra el hombre malvado
> debe salir el bueno bien armado
> No habla verdad la lengua cuantas veces
> el corazón procede con dobleces.

Compuso también seiscientos versos elegíacos. Y en prosa escribió sobre las leyes, dedicándolo a los ciudadanos. Floreció hacia la Olimpíada XLII, y murió- gobernando Aristomenes, el tercer año de la Olimpíada LII, siendo ya viejo y mayor de setenta años. En el sepulcro se le puso este epitafio

> Aquí sepulta la sagrada Lesbos
> a Pitaco, su hijo,

con el llanto más sincero y prolijo.

Es apotegma suyo: Καιρον γνωθη (Tempus nosce). «Conoce la ocasión o la oportunidad.» Hubo otro Pítaco legislador, de quien habla Favorino en el libro I de sus Comentarios, y Demetrio en los Colombroños, el cual Pítaco fue llamado por sobrenombre el Pequeño.

5. Dícese que Pítaco el Sabio, habiendo sido consultado por un joven sobre casamiento, respondio lo que dice Calímaco en estos epigramas.

> Un joven atarnense, consultando
> a Pitaco, nacido en Mitilene,
> hijo de Hirradio: «Padre le decía -,
> dos novias me depara la fortuna;
> la una me es igual en sangre y bienes;
> mas la otra me excede en ambas cosas.
> ¿Cuál deberé elegir? ¿Cuál me conviene?
> ¿Cuál de las dos recibo por esposa?
> Alzó Pitaco el báculo diciendo:
> «Resolverán tu duda esos muchachos
> que ahí ves con el látigo en la mano,
> en medio de la calle dando giros;
> sígueles, y contempla lo que dicen.»

«Toma tu igual», decían; y el mancebo,
que comprendió el enigma brevemente,
se casó con la pobre, como él era.
Así, Dion amigo,
que cases con tu igual también te digo

Parece tenía razón para hablar así, porque su mujer fue más noble que él, como hermana que era de Dracón; hijo de Pentilo, mujer sumamente soberbia con él.

6 Alceo llama a Pitaco σαραποδα, sarápoda y σεραπον, sérapon, por tener los pies anchos y llevarlos arrastrando; Ξειροποδην, queiropoden, porque tenía grietas en los pies, a los cuales llaman Ξειραδασ . queiradas; γανρικα, gáurica, porque se ensoberbecía sin motivo; φνσκωνα; fúscona, fuscón, y γαστρωνα, gastrón, porque era tripudo; ζοφοδορπιδαν zofodorpídan, porque cenaba tarde y sin luz; agasirto, finalmente, porque daba motivo a que hablasen de él, y porque era muy sucio[52]. Ejecirtábase moliendo trigo, como dice Cleurco filósofo. Hay una breve epístola suya, que es la siguiente:

---

[52] Estas palabras griegas significan lo que expone Laercio.

PITACO A CRESO

7. «Exhórtasme a que vaya a Lidia a ver tus riquezas. Aunque no las he visto, me persuado que el hijo de Aliato es el más opulento di: los reyes. Yo no tendré más yendo a Sardes, puesto que no necesito de oro, bastándome lo que poseo a mí y a mis familiares. Iré, sin- embargo, sólo por familiarizarme con un varón de tanta hospitalidad.»

BIANTE

1 Biante, natural de Priena, hijo de Teutamo, fue preferido Sátiro entre los siete sabios de Grecia. Se dice que fue rico. Duris afirma que fue advenedizo Priena; y Fanódico, que habiendo rescatado ciertas doncellas misenias que se hallaban cautivas, las sus- tentó como hijas, las dotó y las remitió a sus padres a Misena. Poco después, habiendo hallado en Atenas unos pescadores, como ya dijimos el trípode de oro con la inscripción: Para el más sabio, dice Sátiro que las mismas doncellas salieron en público, refirieron lo que por ellas había hecho Biante, y lo aclamaron, sabio. Fuéle enviado el trípode; pero luego que lo vio, dijo: «Apolo es el sabio»; y no lo

admitió. Fanódico y otros dicen que no fueron las doncellas quienes aclamaron sabio a Biante, sino los padres de éstas[53]. Otros dicen que consagró el trípode a Hércules en Tebas, por ser oriundo de ella, y Priena su colonia; lo que afirma también Fanódico.

2. Refiérese que teniendo Aliate cercada a Priena, engordó Biante dos mulos y los introdujo en el real del enemigo; vistos los cuales, se maravilló mucho Aliate de que hasta los animales estuviesen tan lucidos en la plaza; y meditando en levantar el cerco, envío un hombre a ella para que observase su estado. Súpolo Biante, y luego hizo muchos montones de arena, cubriólos de trigo y los dejó ver al enviado; lo cual referido a Aliate, hizo paz con los prieneses. Envío a llamar a Biante; mas éste respondió: «Yo mando a Aliate que coma ahora cebollas», esto es, que llore.

3. Dícese también que fue un vehementísimo orador de causas; pero siempre usó bien de su facundia. A esto aludio Demódico[54] Lerio, cuando dijo que el orador de causas debía imitar al prienés».

---

[53] Diodoro Sículo cuenta este caso.
[54] Samuel Rochart, lee Demodoco, como nombre más conocido. El texto tiene Alcrio: sigo la corrección de Menagio, que es Lerio, haciéndolo natural de Leros, isla del mar Jonio, patria de Feredices.

Y Hiponacte solía decir en proverbio: «Mejor se ha portado que Biante prienés».

4. Su muerte fue de esta manera: habiendo orado en defensa de un pleito de un amigo suyo (siendo ya anciano) y descansando un poco de esta fatiga, reclinó la cabeza en el seno de un nieto suyo, hijo de su hija. Había también orado el contrario en la causa; y como los jueces sentenciasen en favor del cliente de Biante, vencido el pleito, fue hallado muerto en el seno mismo del nieto. Enterrólo magníficamente la ciudad, y escribió en su sepulcro este epitafio:

> Cubre esta hermosa piedra y pavimento
> al prienés Biante, honor de Jonia.

El mío dice así:

> Aquí yace Biante, a quien Mercurio
> llevó tranquilamente,
> blanco nevado viejo, al sitio oscuro.
> Oró y venció la causa de un amigo;
> y en el pecho de un joven reclinado.
> vino a extender su sueño largamente.

5. Escribió de la Jonia hasta dos mil versos, el modo en que principalmente podía ser feliz. De sus adomenos, éstos fueron los más aplaudidos:

> Si vives en ciudad, placer procura
> a los conciudadanos;
> pues esto gusta a todos.
> Pero, por el contrario, la arrogancia
> ha sido siempre a todos perniciosa.

Sus sentencias son éstas: «Ser fuerte en el cuerpo es obra de la Naturaleza; mas decir lo útil a la patria es cosa del ánimo y de la prudencia. Las riquezas vinieron a muchos aun casualmente». Llamaba «infeliz a quien no podía sufrir la infelicidad», y «enfermedad del ánimo apetecer imposibles y olvidarse del mal ajeno». Preguntado qué cosa es difícil, respondió: «Sufrir constantemente la decadencia del propio estado». Navegando una vez con unos impíos, como la nave fuese combatida de una tormenta y ellos invocasen los dioses, les dijo: «Callad, no sea que los dioses os vean navegar aquí». A un hombre impío que le preguntó qué cosa es piedad, no le respondió palabra; y como éste le dijese cuál era la causa de no responderle, dijo: «Callo porque preguntas cosas que no te pertenecen». Preguntando qué cosa es dulce a los hombres, respondió: «La esperanza». Decía que «antes quería juzgará entre enemigos que entre amigos, porque uno de los amigos había de quedar enemigo del todo, pero de los enemigos debía uno hacérsele amigo». Preguntado otra vez qué cosa deleita más al hombre, respondió: «La ganancia». Decía que «conviene midamos nuestra? vida tanto como si hubiésemos de vivir mucho, cuanto habiendo de vivir poco[55] Que amemos como que habemos de aborrecer; pues son muchos los malos». Daba los consejos siguientes: «Emprende con lentitud. lo que pienses ejecutar; pero una vez emprendido, sé constante en ello. No hables atropelladamente, pues indica falta de juicio. Ama la prudencia. Habla de los dioses según son. No alabes por causa de sus riquezas al hombre indigno. Si pretendes alcanzar alguna cosa, sea persuadiendo, no coartando. Atribuye a los dioses lo bien que

---

[55] Siendo incierta la vida del hombre, me parece ésta una sentencia de difícil inteligencia. ¿Querría Biante decir que "debemos medir nuestras operaciones como que podemos morir presto, por más que nuestra juventud, sanidad y robustez nos prometan una vida larga? .Pero he aquí las latinas de fray Ambrosio Camandulense (primer traductor de Laercio) que todos adoptaron:

obrares. Toma la sabiduría por compañera desde la juventud hasta la vejez, pues ella es la más estable de todas las posesiones».

6. Hiponacte hace también memoria de Biante, como ya dijimos. Y el desapacible Heráclito lo recomienda mucho, especialmente cuando dice: «En Priena nació Biante, hijo de Teutamo, cuyo nombre es más respetable que el de los otros:». Y los prieneses le dedicaron una capilla que llamen Teutamio. También es sentencia suya: «Los malos son muchos».

CLEÓBULO

1. Cleóbulo, hijo de Evágoras, fue natural de Lindo, o según quiere Duris, de Caria. Algunos lo hacen descender de Hércules, y dicen que fue robusto y hermoso de cuerpo, y que estudio la Filosofía en Egipto. Que tuvo una hija llamada Cleobulina, la cual compuso enigmas en versos hexámetros, y de quien hace memoria Cratino en su drama que lleva este mismo nombre en número

plural[56], y que renovó en Atenas el templo de Minerva, que había construido Danao.

2. Compuso cánticos y sentencias oscuras hasta en tres mil versos. Y hay quien dice fue suyo el epitafio puesto a Midas, que es:

> Una virgen de bronce soy que yago
> recostada de Midas al sepulcro.
> Mientras fluyan las aguas, y se eleven
> de la tierra los árboles frondosos;
> mientras renazca el sol, y resplandezca
> en las esferas la argentada luna;
> mientras corran los ríos, y los mares
> por las riberas extenderán sus olas,
> aquí estaré, vertiendo triste llanto
> sobre esta sepultura, y advirtiendo
> a todo pasajero y caminante
> que en ella sepultado yace Midas.

En prueba de lo cual trae un cántico de Simónides, en que dice:

> ¿Qué mente habrá que pueda

---

[56] A saber, Las Cleobulinas, Ateneo y Pólox citan este drama Cratino

alabar dignamente
a Cleóbulo, indígena de Lindo,
que a los ríos perennes,
floridas primaveras,
a los rayos del sol, dorada luna,
y a las marinas olas
permanentes colunas antepone?
Inferior a los dioses
es todo lo criado.
Hasta la dura piedra
quebranta mortal mano;
pero es consejo de varón insano.

De donde consta que este epitafio no es de
Homero, como dicen, habiendo éste precedido a
Midas por muchos años. En los Comentarios de
Pánfila anda este enigma suyo, que significa el año:

Tiene un padre doce hijos,
y cada uno de ellos hijas treinta,
todas bien diferentes en aspecto;
pues por un lado blancas como nieve,
oscuras por el otro se presentan.

También, siendo inmortales, mueren todas[57].

De sus adomenos se celebran los siguientes:

Reina en la mayor parte de los hombres
con gran verbosidad mucha ignorancia.
Si tienes ocasión hacer procura
alguna cosa ilustre y admirable.
Nunca seas ingrato, nunca vano.

3. Decía que «es conveniente casar las hijas jóvenes en edad, pero proyectas en la prudencia»; en-
señando por ello que deben las jóvenes ser
instruidas. Que «conviene favorecer al amigo para
que lo sea más, y al enemigo para hacerlo amigo.
Guardarse de la calumnia de los amigos y de las asechanzas de los enemigos». También que «cuando
uno salga de casa, piense primero qué es lo que ha
de hacer; y cuando vuelva, qué es lo que ha hecho».
Encargaba mucho el ejercicio corporal. Que «antes

---

[57] Interpreto el texto según el P. Dionisio Petavio, dando
treinta hijos a cada uno de los doce hijos: pero tengo por
muy verosímil la opinión de los que dan sesenta hijas, treinta
blancas y treinta negras, que son los treinta días y treinta
noches de que el mes se compone. En griego el día nuepa, es
femenino.

procuremos el escuchar que el ser escuchados[58]. Que amemos más el estudio que la ignorancia. Que la lengua no sea maldiciente. Que seamos familiares de la virtud, y extraños del vicio. Huir la injusticia, aconsejar a la patria lo mejor, refrenar los apetitos, no hacer cosa alguna por fuerza, instruir los hijos, deshacer las enemistades. A la mujer ni halagarla ni reñirla delante de otros, porque lo primero indica demencia; y lo segundo, furor. Que no se ha de reñir al doméstico cuando está embriagado.» Decía: «Cásate con mujer tu igual, porque si la eliges más noble que tú, los suyos te mandarán. No rías del, que es perseguido con burlas y contumelias, porque se te hará enemigo. En tus prosperidades no te ensoberbezcas, ni en las adversidades te abatas de ánimo. Aprende a sufrir con fortaleza los reveses de la fortuna.»

4. Murió viejo de setenta años; y en su sepulcro se le puso el epitafio siguiente:

A Cleóbulo sabio muerto llora
su patria Lindo, a quien el mar circuye.

---

[58] Esto es antes que enseñar aprender.

Su apotegma es: «La medida es lo mejor de todas las cosas». Escribió a Solón esta carta:

CLEÓBULO A SOLÓN

«Muchos son los amigos que tienes, y todos con casa propia. Yo pienso que Lindo sería muy buena tierra para vivir Solón, por ser ciudad libre. Es isla de mar; y si quieres habitar en ella, ningún daño te vendrá de Pisístrato, y concurrirán a verte amigos de todas partes.»

PERIANDRO

1. Periando, hijo de Cipselo, fue natural de Corinto, y de la familia de los heráclidas. Casó con Lísida, a quien él llamaba Melisa, hija de Procleo, rey de Epichuro y de Eristenea, hija de Aristocrates y hermana de Aristodemo, los cuales dominaban toda la Arcadia, como dice Heráclides Póntico en el libro Del principado. Dos hijos tuvo de ella: Cipselo y Licofrón; el menor de los cuales fue advertido; el mayor fue estólido. Pasado algún tiempo, tomado Periandro de la ira, quitó la vida a su mujer, que a la sazón estaba encinta, dándola de patadas debajo de

una escalera[59], incitado de las malas persuasiones de sus concubinas, a las quemó después. Desterró a su hijo Licofrón a Corcíra, porque se condolía de su madre; pero después, viéndose cercano a la vejez, le mandó venir para darle el reino. Supiéronlo antes los corcireses, y mataron a Licofrón; por lo cual, encendido en ira Periandro, envío a Aliate los hijos de los corcireses para que los castrase; pero cuando la nave llegó a Samos, hicieron súplicas a la diosa Juno, y los samios los libraron. Cuando Periandro lo supo tomó tanto pesar, que murió luego, a los ochenta años de edad. Sosícrates dice que murió cuarenta años antes que Creso, uno antes de la Olimpíada XLIX.

2. Herodoto dice en el libro primero que Periandro fue huésped de Trasíbulo, tirano de Mileto. Aristipo dice en el libro primero De las delicias antiguas que, enamorada de Periandro su madre Cratea, solían en oculto unirse lascivamente, deleitándose con ella; pero habiéndose divulgado

---

[59] Puede significar escabelo o tarima de pies (cosa muy usada en la antigüedad, como nos enseñan las pinturas y bajo relieves), y es muy probable que Periandro matase a su mujer tirándole a la cabeza el escabelo de sus pies, como sería ahora, de un sillazo. En mi versión no me aparto de la Latina de Ambrosio y común.

este comercio, fue tanto su disgusto, que se hizo insoportable a todos. Eforo dice que ofreció a Júpiter una estatua de oro si vencía con su cuadriga en los juegos olímpicos; que habiendo vencido y careciendo del oro, como viese en cierta festividad adornadas las mujeres, les quitó las joyas, y con ello cumplió su promesa. Algunos dicen que queriendo se ignorase su sepulcro, maquinó lo siguiente: mandó a dos jóvenes, mostrándoles un camino, que viniesen de noche y le quitaran la vida y enterrasen donde lo encontrasen; detrás de éstos envío cuatro que matasen a los dos y los enterrasen, y, finalmente, contra éstos envío muchos. De esta forma murió a manos de los primeros. No obstante, los corintios sobre un cenotafio[60] le pusieren el epitafio siguiente:

> Conserva al rico y sabio Periandro
> Corinto patria suya,
> en este sitio y seno, al mar vecino.

Otro le hice yo, que dice:

> No debes condolerte si no logras
> aquello que deseas. Cada uno

---

[60] Un sepulcro honorario, o sea vacío.

con lo que dan los dioses se contente;
pues aquí yace el sabio Periandro,
que no pudo lograr lo que quería.

Sentencias suyas son: «Nada se ha de hacer por interés. Se han de lucrar las cosas lucrables.»

3. Escribió documentos hasta en dos mil versos. De- cía que «los que quieran reinar seguros, se protejan con la benevolencia, no con las armas». Y preguntado por qué él reinaba, respondió: «Porque es igualmente peligroso ceder de grado, o ceder por fuerza». Decía también: «Buena es la quietud; peligrosa la precipitación; torpe la usura; mejor es el gobierno democrático que el tiránico; los gustos son perecederos, pero los honores son inmortales. En las prosperidades sé moderado; en las adversidades, prudente. Serás siempre el mismo para tus amigos, sean dichosos o desdichados. Cumple lo que hayas prometido. No publiques las cosas secretas. Castiga no sólo a los que hayan delinquido, sino también a los que quieren delinquir.

4. Periandro fue el primero que se hizo acompañar de hombres armados, y redujo a tiránico el gobierno republicano. Y, según dicen Eforo y Aristóteles, prohibió a algunos viviesen en la ciudad.

Floreció hacia la Olimpíada XXXVIII, y reinó cuarenta años. Soción, Heráclides, y también Pánfila en el libro V de sus Comentarios, dicen que hubo dos Periandros: uno, el Tirano; otro, el Sabio el cual fue natural de Ambracia. Y Neantes Ciziceno aun añade que fueron primos hermanos. Aristóteles dice que Periandro el Sabio fue corintio; Platón lo omite. Suya es la sentencia: «Todo lo consigue el trabajo». Quiso abrir o cortar el istmo[61].

Corren de él estas epístolas:

PERIANDRO A LOS SABIOS

5. «Doy muchas gracias a Apolo Pitio de que mis cartas os hayan hallado a todos juntos, y espero os traigan ellas a Corinto. Yo, por lo menos, os estoy esperando; veréis con cuánta civilidad os recibo. Entiendo que como el año pasado fuisteis a Sardes de Lidia, no dilataréis ahora venir a mí, rey de Corinto, pues los corintios tendrán gusto de veros ir a casa de Periandro.»

PERIANDRO A PROCLEO

---

[61] El itsmo de Corinto

6. «El fracaso de mi mujer aconteció contra mi voluntad; pero tú serás injusto con exacerbar voluntariamente el ánimo de mi hijo contra mí. Así, o calma la fiereza de mi hijo para conmigo, o me vengaré de ti; pues yo vengué la muerte de tu hija abrasando vivas mis concubinas, y quemando junto al sepulcro de aquélla los adornos, de todas las matronas corintias. Trasíbulo escribió a Periandro en esta forma:

TRASÍBULO A PERIANDRO.

7. «Nada respondí a tu enviado, sino que llevándolo a un campo de mies, vio cómo cortaba yo las espigas más altas dándoles con una vara; si se lo preguntas, él te contará lo que oyó y vio. Obra tú así, ya que quieres retener el mando: deshazte de los ciudadanos poderosos, parézcante enemigos o no, pues al tirano aun los amigos le son sospechosos.»

ANACARSIS ESCITA

1. Anacarsis Escita, hijo de Gnuro y hermano de Caduida, rey de Escitia, nació de madre griega, por cuya razón supo ambos idiomas. Escribió sobre las leyes de los escitas, y sobre lo conducente a la fruga- lidad de la vida de los griegos. Escribió también de la guerra hasta unos ochocientos versos. Su libertad en el decir dio motivo al proverbio de hablar escítico. Sosícrates dice que Anacarsis vino a Atenas en la Olimpíada XLVII, siendo arconte Eucrates; y Hermipo, que fue a casa de Solón, y mandó a une de los familiares de éste dijese a su amo estaba allí Anacarásis, y si quería gozar de su vista y hospedaje. Que el criado dio el recado a Solón, el cual respondio que «los huéspedes son los que están en su patria»[62]. Con esto entró Anacarsis, diciendo que

---

[62] Huéspedes en propiedad se llaman los que hospeden en sus casas a los forasteros; pero la costumbre ha hecho llamar también huéspedes a los hospedados. Las palabras siguientes de Anacarsis suelen interpretarse variamente, queriendo unos significase por ellas que, hallándose en casa de Solón, su amigo y sabio, se consideraba en su casa propia, y que con esta satisfacción echo aquella que él tuvo por gracia. Otros pretenden que la respuesta fue decir a Solón que, pues estaba en su casa, a él tocaba hospedar a Anarcasis forastero; y és-

él estaba entonces en su patria, y por tanto, le pertenecía hacer huéspedes a otros. Admirado Solón de la prontitud, lo recibió y lo hizo su grande amigo.

2. Pasado algún tiempo, volvió a Escitia, y pareciendo quería reformar las leyes patrias y establecer las griegas, lo mató dicho su hermano andando de caza, con una flecha. Murió diciendo que «por su elegancia en el decir había vuelto salvo de Grecia, y que moría en su patria por envidia». Algunos dicen que murió estando sacrificando al uso griego. Mi epigrama es el siguiente:

> Vuelto a Escitia Anacarsis,
> quiso enmendar errores de su patria,
> procurando viviese al uso griego:
> Mas no bien pronunciada su sentencia,
> cuando un volante dardo en un momento
> lo trasladó a los dioses inmortales.

3. Decía que «la cepa lleva tres racimos: el primero, de gusto; el segundo, de embriaguez; y el tercero, de disgusto». Admirábase mucho de que entre los griegos se desafiasen los artistas y juzgasen de las

---

tos ponen dirov en vez de ayrós que leemos comúnmente en el texto griego.

obras los que no eran artífices. Preguntado de qué-forma se haría uno abstemio o aguado, respondió: «Mirando los torpes gestos de los borrachos». Decía también que «se maravillaba de cómo los griegos, que, ponían leyes contra los que injuriaban a otros, honraban a los atletas que se hieren mutuamente». Habiendo sabido que el grueso de las naves no es más de cuatro dedos, dijo: «Tanto distan de la muerte los que navegan». Llamaba al aceite «medicamento de frenesí, pues ungidos con él los atletas se enfurecían más unos contra otros». Decía: «¿Cómo es que los que prohiben el mentir mienten abiertamente en las tabernas?» Admirábase también de que «los griegos al principio de la comida bebiesen en vasos pequeños, y después de saciados en vasos grandes»[63]. En sus retratos anda esta inscripción: «Se debe refrenar la lengua, el vientre y la carne».

4. Preguntado de si en Escitia había flautas, respondio: «Ni tampoco cepas». A uno que le preguntó qué naves eran más seguras, le respondio: «Las que

---

[63] Filón, Ateneo y otros hacen memoria de esta costumbre griega.

están en el puerto»[64]. Decía había visto en Grecia una cosa que lo admiraba, a saber: que se dejaban el humo en el monte y traían la leña a casa[65]. Preguntándole uno si eran más los vivos que los muertos, respondió: «¿En qué clase de esas dos pones los navegantes?» A un ateniense que le objetaba el que era escita, respondió: «A mí me deshonra mi patria; pero tú eres el deshonor de la tuya». Preguntado qué cosa era buena y mala en los hombres, respondió: «La lengua». Decía que «mejor era tener un amigo ilustre que muchos ordinarios». Llamaba al foro «lugar destinado para mutuos engaños y fraudes». Habiéndole injuriado de palabra un joven en un convite, dijo: «Mancebo, si ahora que eres joven no puedes sufrir el vino, cuando envejezcas sufrirás el agua». Según algunos, inventó para el uso de la vida humana las áncoras y la rueda de alfar. Escribió esta carta:

---

[64] Ateneo. Lib. VIII, atribuye este dicho al músico Estratónico.

[65] Algunos lo entienden del carbón; otros, de la leña tostada que usaron los antiguos y aun usan algunas ciudades de Italia.

ANACARSIS A CRESO

5. «Me fui a Grecia, oh rey de Lidia, a fin de aprender sus costumbres y disciplina. No necesito oro alguno, y me basta si vuelvo a Escitia más instruido; no obstante, pasaré a Sardes, pues tengo en mucho ser tu conocido.»

MISÓN

1. Misón, hijo de Estrimón, como dice Sosícrate; llamado Queneo por ser de Quena, pueblo oeteo o lacónico en sentir de Hermipo, es contado entre los siete sabios. Dicen que su padre fue tirano. También hay quien diga que preguntado Anacarsis: si había otro más sabio que él, respondió la pitonisa, como ya dijimos de Quilón en la Vida de Tales:

> Cierto Misón Oateo, en Quene hallado,
> corazón más dispuesto a la prudencia
> tiene que tú, Anacarsis, y a la ciencia.

Movido de esto Anacarsis, pasó al lugar de Misón en tiempo de verano, y habiéndolo hallado que ponía la esteva al arado, le dijo: «Ahora, oh Misón, todavía no es tiempo de arado». A que respondió: «Pero lo es mucho para componerlo y prevenirlo».

2. Otros dicen que el oráculo dijo así: «Cierto Misón Eteo, etc.», y van indagando qué significa Eteo. Paménides dice que es una aldea. de Laconia, de la cual fue natural Misón. Sosícrates dice en las Sucesiones que Misón por su padre fue oteo; por su madre, queneo. Eutifrón, hijo de Heráclides póntico, dice fue cretense, habiendo en Creta un pueblo llamado Etea. Anaxilao lo hace arcade. Hiponacte hace también memoria de él, diciendo:

Misón, a quien Apolo
llamó el más sabio de los hombres todos.

3. Aristóxenes dice en su Historia varia que Misón no se diferenció mucho de Timón y de Apimanto, pues también aborrecía los hombres. Fue visto reír estando solo en el campo de Lacedemoma; y como el que lo halló de improviso le preguntase con instancias porqué reía no habiendo nadie presente, dijo: «Por eso mismo». Dice también Aristóxenes que Misón no fue célebre a causa de no haber nacido en ciudad, sino en un cortijo, y aun éste desconocido; por cuya razón muchas de sus

cosas se atribuyen a Pisistrato. Lo mismo ejecuta Platón el Filósofo, pues hace memoria del en su Protágoras, y lo pone en lunar de Periandro Decía Misón que «no se han de buscar las cosas por las palabras, sino las palabras por las cosas; pues no se hacen las cosas por las palabras, sino las palabras por las cosas». Murió a los noventa y siete años de su edad[66].

EPIMÉNIDES

1. Epiménides, según Teopompo y otros muchos, fue hijo de Festio; según otros, de Dosiado; y según otros, de Agesarco. Fue cretense, natural de Gnosa: pero no lo parecía por ir con el pelo largo. Enviolo una vez su padre a un campo suyo con una oveja, y desviándose del camino, a la hora del mediodía se encontró en una cueva, y durmió allí por espacio de cincuenta y siete años[67]. Despertado des-

---

[66] Algunos códices leen érrá kai, setenta y siete, y así corrige el texto Estéfano, aunque en su edición de Learcio deja el 97.
[67] Plinio, lib. VII, cap. LII, dice lo mismo por estas palabras: "La cual (Fábula) se cuenta de Epimédes gnosio, en una cosa semejante. Dicen que siendo muchacho, cansado del camino y calor, se entró en una cueva, donde durmió cincuenta y siete años; y que después le causó grande admiración la mu-

pués de este tiempo, buscaba la oveja, creyendo haber dormido sólo un rato; pero no hallándola se volvió al campo, y como lo viese todo de otro aspecto, y aun el campo en poder de otro, maravillado en extremo, se fue a la ciudad. Quiso entrar en su casa; y preguntándole quién era halló a su hermano menor, entonces ya viejo, el cual supo de su boca toda la verdad. Conocido por esto de toda Grecia, lo tuvieron todos por muy amado de los dioses.

2. Padecían peste los atenienses, y habiendo respondido la pitonisa que se lustrase la ciudad, enviaron a Creta con una nave a Nicias, hijo de Nicerato, para que trajesen a Epiménides. Vino, en efecto, en la Olimpiada XLVI, expió la ciudad, y ahuyentó la peste de la forma siguiente: tomó algunas ovejas negras y blancas, las condujo al Areópago, y las dejó para que de allí se fuesen a donde quisiesen, mandando a los que las seguían que donde se echase cada una de ellas las sacrificasen al dios más vecino al paraje. De esta manera cesó el daño. Desde entonces se hallan por los pueblos de los

---

danza que halló en las cosas, creyendo que se había despertado al día siguiente. Después en solos cincuenta y siete días se hizo viejo: pero prolongó su vida hasta los ciento cincuenta y siete años Plutarco y Varrón dicen que sólo durmió cincuenta años; Pausanías, cuarenta.

atenienses diferentes aras sin nombre[68], en memoria de la expiación entonces hecha.

3. Otros dicen que la causa de la peste fue la maldad de Cilonio; y refieren el modo con que se libertó, que fue muriendo los dos jóvenes, Cratino y Clesibio, con lo cual cesó la calamidad. Los atenienses le dieron un talento y una nave con que regresase a Creta; pero él no admitió el dinero, antes hizo confederación entre los gnosios y atenienses; y volviéndose a su casa murió de allí a poco de edad de ciento cincuenta y siete años, según dice Flegón en el libro De los que vivieron mucho[69]. Los cretenses dicen que murió de doscientos noventa y nueve años, pero Jenófanes Colofonio afirma haber oído decir que de ciento cincuenta y cuatro.

4. Compuso cinco mil versos sobre la generación de los curetes y coribantos, y sobre la de los dioses, y seis mil quinientos sobre la construcción de la nave Argos, y expedición de Jasón a Coleos.

---

[68] Una de estas pudo a ver sido la que vió San Pablo, como se dice en los actos de los Apóstoles, cap. XVII, y, 23. Hace también memoria de ellas Pausanías, lib. I, cap. I y lib. V, cap.XIV; y Luciano en el diálogo.

[69] Existe todavía de esta obra de Flegón (que fue liberto del emperador Adriano) Un fragmento de la historia de las

Escribió también en prosa acerca de los sacrificios y de la República de Creta; como también de Minos y Radamanto hasta unos cuatro mil versos. Erigió en Atenas un templo alas Euménides[70], como dice Lobón Argivo en el libro De los poetas. Dicen fue el primero que lustró las habitaciones y los campos, y el primero que fundó templos[71] Hay quien afirma que no durmió, sino que se entretuvo algún tiempo en cortar raíces. Corre una carta suya a Solón legislador, que trata de la República cretense, ordenada por Minos; bien que Demetrio de Magnesia, en su libro De los poetas y escritores colombroños o de un mismo nombre, se esfuerza en sostener que esta carta es moderna; ni va escrita en dialecto cretense, sino ático moderno. Yo he hallado otra carta suya, que es como sigue:

Olimpíadas, en la cual habla de las tinieblas acaecidas en la muerte de nuestro redentor: y alguna otra cosilla.

[70] Es muy probable que Vitrubio libro V. Cap. IX, por porticus Euminice quiso entender los pórticos de este templo, como muy anchos y espaciosos. En mis comentarios a Vitrubio no tuve presente este lugar de Learcio, ni halló quien lo haya advertido hasta ahora.

[71] Sería fácil demostrar por la historia que los atenienses tuvieron templos antes de Epiménides: y, por consiguiente es falso lo que dice Laercio. San Clemente Alejandrino, en su Exhortación a los gentiles, dice que Epiménides fundó en Atenas templos a la Contumelia y a la Impudicia.

EPIMÉNIDES A SOLÓN

5. «Buen ánimo, amigo, porque si la invasión tiránica de Pisístrato hubiese hallado a los atenienses hechos a la servidumbre, o sin buenas leyes, sería largo su dominio, pero como esclaviza a hombres nada cobardes, y que, acordándose de las amonestaciones de Solón, gimen avergonzados, no tolerarán verse tiranizados. Y aunque Pisístrato tenga ocupada la ciudad, espero que su imperio no pasará a sus hijos, pues es muy difícil perseveren esclavos hombres que se vieron libres y se gobernaron por leyes excelentes. Tú no te aflijas, sino vente cuanto antes a estar conmigo en Creta, donde no tendrás monarca que te moleste, pues si andando vago cayeres en manos de sus amigos, temo te venga algún daño.» Hasta aquí la carta de Epimévides.

6. Dice Demetrio, según escriben algunos, que Epiménides recibía la comida de mano de las ninfas, y que la guardaba en una uña de buey; que la iba tomando de allí poco a poco, de manera que no necesitaba excrementar, ni jamás hubo quien lo viese

comer. Hace, memoria de él Timeo en su segunda[72]. Dicen algunos que los cretenses le ofrecen sacrificios como a Dios. Dicen, asimismo, que tuvo sumo conocimiento de las cosas venideras, pues habiendo visto en Atenas el puerto de Municluia, dijo a los atenienses que «no sabían cuántos daños les había de acarrear el lugar aquel, pues a saberlo, lo devorarían con sus dientes». Esto predijo tanto tiempo antes que sucediese.

7. Refieren que él mismo se llamaba Eaco; que predijo a los lacedemonios habían de ser prisioneros de los arcades, y que aparentó muchas veces que resucitaba. Escribe Teopompo, en su libro De las cosas admirables, que cuando construía el templo de las ninfas, se oyó una voz del cielo que decía: «Epiménides, no lo dediques a las ninfas, sino a Júpiter». También predijo a los cretenses el estrago que los arcades habían de hacer en los lacedemonios, según arriba dijimos; y, efectivamente, fueron derrotados junto a Orcomeno. Añade Teopompo que envejeció en tantos días como años había dor-

---

[72] *É rñ óeurépá*. El texto no dice más, y no es fácil averiguar qué segunda obra era ésta Timeo, ni aun qué Timeo sea éste, habiendo habido muchos.

mido[73]. Mironiano dice en sus Símiles que los cretenses lo llamaban Curete. Guardan su cuerpo los lacedemonios, avisados por un oráculo, corno asegura Sosibio Lacedemonio. Hubo otros dos Epiménides: el uno, escritor de genealogías; y el otro, de la Historia de Rodas, en dialecto dórico.

FERECIDES

1. Ferecides, hijo de Badio, natural de Siros, según dice Alejandro en las Sucesiones, fue discípulo de Pitaco. Fue el primer griego que escribió del alma y de los dioses. Refiérense de .él muchos prodigios, pues como pasease una vez por la playa del mar de Samos y viese una nave que corría con buen viento, dijo que dentro de breve tiempo se anegaría, y, efectivamente, zozobró a vista del mismo. Igualmente, habiendo bebido agua sacada de un pozo, pronosticó que dentro de tres días habría terremoto, y así sucedió. Subiendo de Olimpia a Micenas, aconsejó a Perilao, que lo hospedó en su casa, partiese de allí con su familia. No se persuadio Perilao, y Micenas fue luego tomada por los enemigos.

---

[73] En cincuenta y siete días, como arriba dijimos.

2. Decía a los lacedemonios, según refiere Teopompo en su libro De las cosas admirables, que «no se deben honrar el oro y la plata»; que esto se lo La había mandado decir Hércules, el cual mandó también la misma noche a los reyes obediesen a Ferecides en ello. Algunos atribuyen esto a Pitágoras. Escribe Hermipo que, como hubiese guerra entre los efesinos y magnesios, y desease venciesen los efesinos, preguntó a uno que pasaba «de dónde era», y respondiendo quo de Éfeso, lo dijo: «Pues llévame de las piernas, y ponme en territorio de Magnesia; luego dirás a tus paisanos me entierren en el paraje mismo donde conseguirán la victoria». Manifestó aquél este mandato de Ferecides a los ciudadanos, los cuales, dar, a la batalla el día siguiente, vencieron a los magnesios, y buscando a Ferecides, lo enterraron allí mismo, y le hicieron muy graneles honras. Algunos dicen que se precipitó él mismo del monte Coricio, caminando a Delfos; pero Aristóxenes, en el libro De Pitágoras y seas familias, dice que murió de enfermedad y lo enterró Pitágoras en Delfos. Otros quieren muriese comido de piojos.

3. Habiendo venido Pitágoras a visitarlo, y preguntándole cómo se hallaba, sacó por entre la puerta un dedo y dijo: «Conjetura de aquí el estado

del; cuerpo». Los filólogos tomaron después en mal sentido estas palabras, y aun pecan todavía los que en mejor sentido las interpretan. Decía que los dioses llaman (zioron) a la mesa. Andrón Efesino dice que hubo dos Ferecides, ambos de Siros: el uno, astrólogo; y el otro, teólogo, hijo de Badio, de quien Pitágoras fue discípulo. Pero Eratóstenes afirma quede Siros no hubo más que un Ferecides, pues el otro, Escritor de genealogías, fue ateniense. De Ferecides Sirio nos ha quedado un libro, cuyo principio es: Júpiter y el tiempo y la tierra fueron siempre una .misma cosa. La tierra se llamaba terrena después que Júpiter la hizo honores». En la isla de Siros se conserva un heliotropio[74] de Ferecides. Duris, en el libro segando De las coas sacras, dice que se le puso este epitafio:

> Da fin en mí sabiduría toda;
> y si más a Pitágoras se debe,
> es por ser el primero de los griegos.

Ion Quío escribe de él así:

---

[74] Parece sería algún instrumento matemático, o máquina para observar la declinación y regreso del sol en los trópicos.

Yace sin alma, y dulce vida goza;
y aunque cede a Pitágoras la palma,
vio y aprendió los usos de los hombres.

Mi epigrama, en verso ferecrático, dice así:

Se dice por seguro.
que el grande Ferecides,.
en Siros engendrado,
mudó su primer forma,
comido de piojos.
A tierra de Magnesia
ser quiso conducido,
para dar la victoria
a los nobles efesios.
Esto mismo mandaba
oráculo infalible,
que Ferecides solo
tenía conocido.
Entre ellos murió alegre.
Es, pues, cosa muy cierta
que el verdadero sabio
es útil vivo y muerto.

Floreció hacia la Olimpíada LIX. Escribió esta carta:

FERECIDES A TALES.

4. «Tengas buena muerte cuando te tocare el día fatal. Hallábame enfermo cuando me vino tu carta. Estaba todo cubierto de piojos y con calentura. Ordené, pues, a algunos de mis domésticos que, en habiéndome enterrado, te llevasen mis escritos. Si te parecieren bien a ti y a los demás sabios, podrás publicarlos; pero si no, no los publiques. A mí no me gustaban mucho, por no haber certeza en las cosas, pero ni yo prometo en ellos esto, ni sé hallar lo verdadero. Acaso habré explicado algo acerca de los dioses; importa entender lo restante, pues yo no hago' más que insinuar las cosas. Agravándose más y más mi enfermedad, ni admito médico ni amigo alguno; pero estando ellos fuera de la puerta y preguntándome cómo me hallo, saco un dedo por la cerradura y les manifiesto el gran mal en que estoy. Los he ya amonestado concurran pasado mañana a celebrar el entierro de Ferecides.»

5. Hemos tratado hasta aquí de los que fueron llamados Sabios, a los cuales agregan muchos al ti-

rano Pisístrato. Trataremos ahora de los filósofos, empezando por la secta jónica, de la cual, según dijimos, el primero fue Tales, maestro de Anaximandro.

LIBRO SEGUNDO

ANAXIMANDRO

1. Anaximandro, hijo de Praxiades, fue milenio. Dijo que «el infinito es el principio y elemento», sin definir el aire, el agua ni otra cosa. «Que sus partes son mudables, pero del todo inmutables. Que la tierra está en medio del universo como centro, y es esférica. Que la luna luce con luz ajena, pues la recibe del sol. Que éste no es menor que la tierra, y es fuego purísimo.» Fue el primero que halló el gnomon, y lo colocó en Lacedemonia para indagar la 1ª sombra, como dice Favorino en su Historia varia. Halló también los regresos del sol[75], notó los equinoccios y construyó horoscopios. Fue el primero

---

[75] A saber, los trópicos o solticios.

que describió la circunferencia de la tierra y mar, y construyó una esfera.

2. Expuso sus opiniones sumariamente y en compendio, cuyos escritos vio Apolodoro Ateniense, y dice en sus *Crónicas* que Anaximandro tenía sesenta y cuatro años de edad el año segundo de la Olimpíada LVIII, y murió poco después, habiendo florecido principalmente siendo Policrates tirano de Saoros. Dícese que cantando en cierta ocasión, se le burlaron los muchachos, y habiéndolo advertido, dijo: «Es menester cantar mejor por causa de los muchachos». Hubo otro Anaximandro historiador, también milesio, que escribió en dialecto jónico.

ANAXIMENES

1. Anaximenes Milesio, hijo de Euristrato, fue discípulo de Anaximandro. Algunos dicen que lo fue también de Parménides. Dijo que «el principio de las cosas es el aire y el infinito». Y que «los astros no se mueven sobre la tierra, sino a su rededor»[76].

---

[76] Dirían algunos que los astros no dan vuelta a la tierra, sino que de día volvían al Oriente por el mismo camino, que habían hecho de noche; lo cual no pudo ser mayor desatino, viendo que no todos se ponen a una misma hora; antes se

Escribió en dialecto jónico, y en un estilo sencillo y sin superfluidades. Apolodoro dice que nació en la Olimpíada LXIII[77], y murió cercano al tiempo en que Sardes fue tomada. Hubo otros dos Anaximenes naturales de Lampsaco: el uno orador, y el otro, historiador, hijo de una hermana del orador, que escribió los hechos de Alejandro. El filósofo escribió esta carta:

ANAXIMENES A PITÁGORAS

2. «Tales en su vejez partió con poca felicidad. Saliendo como solía al zaguán de su casa por la madrugada, acompañado de una criada, a fin de observar los astros, no acordándose del estado del terreno, mientras miraba los cielos atentamente, se

---

ponen unos y nacen otros continuamente, hasta que el sol impide su vista.

[77] Si los números de Apolodoro son legítimos (lo que no me persuado), en ningún modo debe ser creído Apolodoro; que pues si murió Anaximenes cuando Sardes fue tomada (la tomó Ciro el año primero de la Olimpíada LIX), ¿cómo había de nacer dieciséis o más años después, a saber, en la Olimpíada LXIII? ¿Ni cómo había de ser discípulo de Anaximadro quien nació después de su muerte? Además que Laercio hubiera notado algo de esto, viendo las repugnancia. Así, es muy probable deba leerse, *tettapakoótñ*, cuarenta, en vez de *éenkoótñ*, sesenta, dándole sesenta y tres años de vida.

precipitó;; en un hoyo. Este fin tuvo este astrólogo, según dicen los milesios. Nosotros, nuestros hijos y los concurrentes a la exedra para cultivar la literatura, tendremos siempre en memoria varón tan grande, y seguiremos su doctrina, no dudando halló el principio de las cosas.»

Escribió también otra carta:

ANAXIMENES A PITÁGORAS

3.«Me pareció muy bien que partieses de Samos a Crotona para vivir tranquilo, pues los hijos de Eaco y otros obran mal, y a los milenios nunca les faltan tiranos. No menos nos es temible el rey de Persia, si no queremos ser sus tributarios; bien que parece que los jonios saldrán a campaña con los persas, por la libertad común. Si se efectúa la guerra, no me queda esperanza de salvarme. Porque ¿cómo podrá Anaximenes estar en observación de los cielos, si está temiendo de un momento a otro la muerte o el cautiverio? Tú eres estimado de los crotoniatas y demás italianos, sin que te falten también aficionados en Sicilia.»

ANAXÁGORA

1. Anaxágoras, hijo de Hehesibulo, o bien de Lubulo, fue natural de Clazomene y discípulo de Anaximenes. Fue el primero que a la materia hile[78] añadió la mente al principio de sus obras, donde, suave y magníficamente, dice: «Todas las cosas estaban juntas; luego sobrevino la mente y las ordenó, y por esta razón se llama mente. Timón dice de él lo mismo en sus Sátiras, en esta forma:

> Donde dicen que el héroe valeroso
> Anaxágoras se halla.
> Apellidado Mente
> (y la tuvo dichosa),
> porque nos dijo que la mente eterna
> puso en orden las cosas,
> antes confusamente amontonadas.

Fue Anaxágoras ilustre, no sólo por su nacimiento y riquezas, sino también por su magnanimidad pues cedió a los suyos todo su patrimonio. Y

---

[78] La materia elemental que llaman primera, e informe de la cual procedieron los cuatro elementos, llamada *úyn* (hule, o hile).

como lo notasen de negligente, respondió: «Y vosotros, ¿por qué , no sois más diligentes?» Ausentóse, finalmente, a fin de entregarse a la contemplación de la Naturaleza, despreciando todo cuidado público, de manera que diciéndole uno: «¿Ningún cuidado os queda de la patria?», respondió, señalando al cielo: «Yo venero en extremo la patria».

2. Se dice que cuando Jerjes pasó a Grecia[79], tenía Anaxágoras veinte años de edad, y que vivió hasta setenta y dos. Escribe Apolodoro en sus Crónicas, que nació en la Olimpíada LXX y murió en el año primero de la LXXVIII[80]. Empezó a filosofaren

---

[79] Véase la nota 3.

[80] También aquí va Apolodoro desacorde con la común, no dado a Anaxágoras más que treinta años de vida, con poca diferencia; esto es, ocho olimpíadas acaso no completas. Petavio, Meurisio, Palmerio, y otros, son de parecer que donde se lee LXXVIII debe leerse LXXXVIII. Quien sienta que Anaxágoras vivió setenta y dos años, precisamente se ha de conformar con estos sabios, pues si tenía veinte de edad en la Olimpíada LXXV, y hasta la LXXVIII no van más que doce años, que unidos suman treinta y dos, forzosamente le han de dar diez olimpíadas más o sea cuarenta años, para llegar a los setenta y dos. Así, que el primer número de Apolodoro va conforme a la común, pues lo mismo es decir que nació en la Olimpíada LXX, que decir que en la LXXV tenía veinte años, esto es, cinco olimpíadas. Luego la dificultad sólo puede estar en el segundo número, que es

Atenas, de edad de veinte años, siendo arconte Calias, como dice Demetrio Falereo en su Historia de los arcontes, adonde añaden se detuvo treinta años.

3. Decía «que el sol es un globo de fuego y mayor que el Peloponeso». Otros atribuyen esto a Tántalo. «Que la luna está habitada y tiene collados y valles. Que el principio de las cosas son las partículas semejantes, pues así como el oro se compone de partes tenuísimas, así también el mundo fue compuesto de corpúsculos semejantes entre sí. Que la mente es el principio del movimiento. Que los cuerpos graves se situaron en lugar bajo, verbigracia, la tierra; los le ves, arriba, como el fuego; el agua y el aire tomaron el medio. Así, pues, sobre la superficie de la tierra está el mar, y el sol saca de sus aguas los vapores. Que en el principio los astros giraban en el cielo (construido en forma de cúpula), de manera que el polo, que siempre está a nuestra vista, giraba sobre el vértice de la tierra, pero que

---

LXXVIII; pero se puede creer que ambos números están íntegros, y que Apolodoro fue opinión que Anaxágoras murió de treinta y dos años; pues si su opinión se apartara de la que Laericio o Apolodoro quisieron escribir *ñkuáeeóoli. Floruisse,* en vez de *yeñyevóllas, natum fuisse.* En efecto, floruisse traduce Ambrosio, aunque sólo le da sesenta y dos años de vida.

después tomó inclinación[81]. Que la vía láctea es un reflejo del resplandor de los astros no iluminados por el sol. Que los cometas son un concurso de estrellas errantes que despiden llamas, y que el aire los vibra como centellas. Que los vientos provienen del aire enrarecido por el sol. Que los truenos son el choque de las nubes; los relámpagos el ludimiento de las mismas. Que el terremoto es causado por aire que corre por dentro de la tierra[82]. Que los animales fueron engendrados del humor, del calor y de la tierra; después fueron naciendo de ellos mismos, engendrándose los machos a la parte derecha y las hembras a la izquierda.».

4. Se dice que anunció, antes de caer, la piedra que cayó en Egos-pótamos, la cual dijo caería del sol[83] y que por esto Eurípides, su discípulo, en la tragedia intitulada Faetón, llamó al sol musa de fue-

---

[81] Parece quiso significar que al principio del mundo estaba la tierra debajo del polo, y, por consiguiente, corría para ella la esfera recta, como lo persuade la comparación que pone de una cúpula, cuyo polo está en el vértice. «Después -dice- tomó inclinación»; esto es, se apartó el polo de nuestro cenit, o dejó de serlo en la tierra entonces conocida.

[82] Epicuro, en su carta a Pitocles, dice casi todo lo mismo.

[83] Plinio, lib. II, cap. LVIII, dice que esto sucedió en la Olimpíada LXXVIII. Podrán verse Plutarco, en la Vida de

go. También que, habiendo partido para Olimpia, se sentó[84] vestido de pieles, como que había de llover presto, y así sucedió. A uno que le preguntó si los montes de Lampsaco serían mar en lo venidero, dicen respondió: «Sí, por cierto, como el tiempo no se acabe». Preguntado una vez para qué fin había nacido; dijo que «para contemplar el sol, la luna y el cielo». A uno que le objetaba que estaba privado de los atenienses, respondió: «No estoy privado de ellos, sino ellos de mí». Al ver el sepulcro de Mausolo, dijo: «Un monumento suntuoso es imagen de riquezas convertidas en piedras»[85]. A uno que llevaba mal el que muriese en tierra ajena, respondió: «No os molestéis por eso, pues de todas partes hay el mismo camino que hacer para bajar a la región de los muertos».

5. Según dice Favorino en su Historia varia, parece fue el primero que dijo que «Romero compuso su poema para recomendar la virtud y la justicia»;

Lisandro; Filostrato, en la de Apolonio, lib. I, cap. II: Eusebio. Aristóteles y otros.

[84] Se sentó en las gradas para ver los espectáculos.

[85] Anaxágoras no pudo alcanzar a ver el sepulcro de Mausolo en Halicarnaso, erigido por su mujer y hermana Artemisa más de setenta años después, como ya anoté en mi Vitrubio, lib. II, cap. VII, nota 14.

parecer que amplificó mucho Metrodoro Lampsaceno, amigo suyo, el cual disfrutó bastante a Homero en el estudio de la Naturaleza. Anaxágoras fue el
primero que nos dejó un escrito sobre la Naturaleza. Sileno, en el libro primero de sus Historias, dice
habiendo caído una piedra del cielo siendo arconte
Dimilo, dijo entonces Anaxágoras que todo el cielo
se componía de piedras, y se sostenía por la veloci-
dad de su giro; de manera, que si este giro cesase,
caería el cielo.[86]

6. En orden a su condenación hay varias opiniones, pues Socéon, en las Sucesiones de los filósofos, dice que Cleón le acusó de impiedad, por haber
dicho que el sol es urca masa de hierro encendido,
pero que lo defendió Pericles, su discípulo, y sólo
fue condenado a pagar cinco talentos y salir desterrado. Sátiro escribe en sus Vidas que lo acusó Tucídides, por ser éste contrario a las resoluciones de
Pericles en la administración de la República. Que
no sólo lo acusó de impiedad, sino también de trai-
ción, y que ausente, fue condenado a muerte. Habiéndole dado la noticia de su condenación y de la
muerte de sus hijos, respondió a lo primero que
«había mucho tiempo que la Naturaleza había con-

---

[86] Quiso decir por la fuerza que llaman centrífuga.

denado a muerte tanto a sus acusadores como a él». Y a lo segundo, que «sabía que los había engendrado mortales». Algunos atribuyen esto a Solón; otros, a Jenofonte.

7. Demetrio Falereo dice, en el libro De la Vejez, que Anaxágoras enterró él mismo por sus ruanos a sus hijos. Hermipo, en las Vidas, asegura que fue encarcelado y condenado a muerte; y preguntado Pericles si había algún crimen capital en él, corno no la hallase alguno, dijo: «Ahora bien: yo soy discípulo de este hombre; no queráis perderlo con calumnias, sino seguid mi voluntad y dejadlo absuelto». Y que así se hizo: pero no pudiendo sobrellevar la Injusticia[87], murió de muerte voluntaria. Finalmente, Jerónimo dice, en el libro II de sus Varios comentarios, que Pericles lo condujo al tribunal de justicia a tiempo en que se hallaba desfallecido y débil por enfermedad, y que fue absuelto antes por verlo así que por hallarlo inocente. Todos estos pareceres hay sobre la condenación de Anaxágoras. Hay quien piensa todavía que fue enemigo de Demócrito por no haberlo querido admitir a su conversación y trato.

---

[87] De haberlo condenado.

8. Finalmente, habiendo pasado a Lampsaco, murió allí, y preguntado por los magistrados si quería se ejecutase alguna cosa, dicen que respondió que «cada año en el mes de su muerte fuese permitido a los muchachos el jugar», y que hoy día se observa. Los lampsacenos lo honraron difunto, y en su sepulcro pusieron este epitafio:

Aquí yace Anaxágoras ilustre,
que junto al fin de su vital carrera,
entendió plenamente los arcanos
que en sí contiene la celeste esfera.

El mío al mismo es el siguiente:

Que el sol es masa ardiente
Anaxágoras dijo; y por lo mismo
fue a muerte condenado.
Librólo su discípulo Pericles:
Pero él entre eruditas languideces,
sabe dejar la vida voluntario.

Hubo otros tres Anaxágoras, pero en ninguno de ellos concurrieron todas las ciencias. El primero fue orador, uno de los discípulos de Isócrates. El otro, estatuario, de quien Antígono hace memoria. Y el otro, gramático, discípulo de Zenodoto.

ARQUELAO

1. Arquelao, ateniense, o bien milesio, tuvo por padre a Apolodoro, o, según algunos, a Midón. Fue discípulo de Anaxágoras y maestro de Sócrates, y el primero que de la Jonia trajo a Atenas la Filosofía natural. Por esta razón lo llamaron el Físico, o bien porque en él terminó la Filosofía natural, introduciendo entonces Sócrates la moral. Bien que parece que Arquelao la cultivó también, pues filósofo de las leyes, de lo bueno y de lo justo, lo cual, oído por Sócrates, lo amplió y propagó, y fue tenido como autor de ello.

Decía «eran dos las causas de la generación: el calor y el frío. Que los animales fueron engendrados del limo. Y que lo justo y lo injusto no lo son por naturaleza, sino por la ley». Fundábase en este raciocinio: «El agua, cuya liquidez dimana del calor, mientras dura condensada produce la tierra, y cuando se liquida produce el aire. Por consiguiente, aquélla es conservada por el aire, y éste por el movimiento del fuego. Que los animales se engendran

del calor de la tierra, la cual destila un limo semejante a la leche, que les sirve de nutrimento. Así fueron procreados los hombres».

Fue el primero que dijo que «la voz es la percu-
sión del aire. Que el mar se contiene en las entrañas
de la tierra, por cuyas venas va como colado. Que el
sol es el mayor de los astros. Y que el Universo no
tiene límites». Hubo otros tres Arquelaos: uno, co-
rógrafo, el cual describió los países que anduvo
Alejandro. Otro, que escribió en verso De *la admirable naturaleza de los animales*. Y el otro, fue orador y-
escribió De la Oratoria.

SÓCRATES

1. Sócrates fue hijo de Sofronisco, cantero de
profesión, y de Fenareta, obstetriz, como lo dice
Platón en el diálogo intitulado Teeteto. Nació en
Alopeca, pueblo de Ática. Hubo quien creyera que
Sócrates ayudaba a Eurípides en la composición de
sus tragedias, por lo cual dice Mnesíloco:

> Los Frigios drama es nuevo
> de Eurípides y consta
> que a Sócrates se debe[88].

Y después:

> De Sócrates los clavos
> corroboran de Eurípides los dramas.

Igualmente Calias, en la comedia Los cautivos, dice:

> Tú te engríes y estás desvanecido:
> pero puedo decirte
> que a Sócrates se debe todo eso.

Y Aristófanes, en la comedia Las nubes, escribe:

> Y Eurípides famoso,
> que tragedias compone
> lo hace con el auxilio
> de ese que habla de todo:
> así le salen útiles y sabias.

---

[88] La frase griega es: «Los Frigios es nuevo drama de Eurípides, a quien Sócrates puso la leña debajo.»

2. Habiendo sido discípulo de Anaxágoras, como aseguran algunos, y de Damón, según dice Alejandro en las Sucesiones, después de la condenación de aquél, se pasó a Arquelao Físico, el cual usó de él deshonestamente, como afirma Aristoxenes[89], Duris dice que se puso a servir, y que fue escultor en mármoles; y aseguran muchos que las Gracias vestidas que están en la Roca[90] son de su mano. De donde dice Timón en sus Sátiras:

> De estas Gracias provino
> el cortador de piedras,
> el parlador de leyes,
> oráculo de Grecia.
> Aquel sabio aparente y simulado,
> burlador, y orador semiateniense

En la oratoria era vehementísimo, como dice Idomeneo; pero los treinta tiranos[91] le prohibieron

---

[89] *Oú kaí rraióiká yevéóoai.*

[90] Es la fortaleza o alcázar de Atenas, tan celebrada de toda la antigüedad y de cuya magnificencia todavía conserva vestigios.

[91] Estos treinta pretores fueron creados en la Olimpíada XCIV, cuyo poder al principio no se extendía a más que a

enseñarla, según refiere Jenofonte. También lo motéja Aristófanes, porque hacía buenas las causas malas[92]. Según Favorino en su Historia varia, fue el primero que con Esquines, su discípulo, enseñó la Retórica; lo que confirma Idomeneo en su Tratado de los discípulos de Sócrates. Fue también el primero que trató la Moral, y el primero de los filósofos que murió condenado por la justicia.

3. Aristoxenes, hijo de Espíntaro, dice que era muy cuidadoso en juntar dinero; que dándolo a usura, lo recobraba con el aumento, y reservado éste, daba nuevamente el capital a ganancias. Según Demetrio; Bizantino dice, Critón lo sacó del taller, y se aplicó a instruirlo, prendado de su talento y espíritu. Conociendo que la especulación de la Naturaleza no es lo que más nos importa, comenzó a tratar de la Filosofía moral, ya en las oficinas, ya en el foro; exhortando a iodos a que inquiriesen

qué mal o bien tenían en sus casas.

---

elegir el Senado; pero después pasaron a tiranizar a Atenas. Muchos autores griegos, cuando los nombran, no dicen más que los treinta.

[92] Aristófanes en sus Nubes, v. 115.

Muchas veces, a excesos de vehemencia en el decir, solía darse de coscorrones, y aun arrancarse los cabello, de manera que muchos reían de él y lo menospreciaban; pero él lo sufría todo con paciencia. Habiéndole uno dado un puntillón, dijo a los que se admiraban de su sufrimiento: «Pues si un asno me hubiese dado una coz, ¿había yo de citarlo ante la justicia?» Hasta aquí Demetrio.

4. No tuvo necesidad de peregrinar como otros, sino cuando así lo pidieron las guerras. Fuera de esto, siempre estuvo en un lugar mismo, disputando con sus amigos, no tanto para rebatir sus opiniones, cuanto para indagar la verdad. Dicen que, habiéndole dado a leer Eurípides un escrito de Heráclito, como le preguntase qué le parecía, respondió: «Lo que he entendido es muy bueno, y juzgo lo será también lo que no he entendido; pero necesita un nadador delio». Tenía mucho cuidado de ejercitar su cuerpo, el cual era de muy buena constitución.

5. Militó en la expedición de Anfípolis; y dada la batalla junto a Delio, libró a Jenofonte, que había caído del caballo. Huían todos los atenienses, mas él se retiraba a paso lento, mirando frecuentemente con disimulo hacia atrás, para defenderse de cualquiera que intentase acometerlo. También se halló

en la expedición naval de Potidea, no pudiendo ejecutarse por tierra en aquellas circunstancias. En esta ocasión, dice estuvo toda una noche en una situación misma. Peleó valerosamente, y consiguió la victoria; pero la cedió voluntariamente a Aleibíades, a quien amaba mucho, como dice Arístipo en el libro IV *De las delicias antiguas.*

6 Ion Quío dice que Sócrates en su juventud estuvo en Samos con Arquelao. Aristóteles escribe que también peregrinó a Delfos[93]. Y Favorino afirma, en el libro primero de sus Comentarios, que también estuvo en el Istmo. Era de un ánimo constante y republicano; consta principalmente, de que habiendo mandado Cricias y demás jueces traer a Leonte de Salamina, hombre opulento, para quitarle la vida, nunca Sócrates convino en ello; y de los diez capitanes de la armada fue él solo quien absolvió a Leonte. Hallándose ya encarcelado, y pudiendo huir e irse donde quisiese, no quiso ejecutarlo, ni atender al llanto de sus amigos que se lo rogaban, antes les reprendió, y les hizo varios razonamientos llenos de sabiduría.

---

[93] *Iivowóe, ó Iivowoe,* es adverbio que significa Delfis, en Delfos.

7. Era parco y honesto. Pánfila escribe en el libro VII de sus Comentarios, que habiéndole Alcíbiades dado una área muy espaciosa para construir una casa, le dijo: «Si yo tuviese necesidad de zapatos, ¿me darías todo un cuero para que me los hiciese? Luego ridículo sería si yo la admitiese». Viendo frecuentemente las muchas cosas que se venden en público, decía consigo mismo: «¡Cuánto hay que no necesito!». Repetía a menudo aquellos yambos:

> Las alhajas de plata,
> de púrpura las ropas,
> útiles podrán ser en las tragedias;
> pero de nada sirven a la vida.

Menospreció generosamente a Arquelao Macedón, a Escopas Cranonio y a Eurilo Lariseo, pues ni admitió el dinero que le regalaban, ni quiso ir a vivir con ellos. Tanta era su templanza en la comida, que habiendo habido muchas veces peste en Atenas, nunca se le pegó el contagio.

8. Aristóteles escribe que tuvo dos mujeres propias: la primera, Jantipa, de la cual hubo a Lampro-

cle; la segunda, Mirto, hija de Arístides el Justo[94], la que recibió indotada, y de la cual tuvo a Sofronisco y a Menexeno. Algunos quieren casase primero con Mirto; otros, que casó a un mismo tiempo con ambas y de este sentir son Sátiro y Jerónimo de Rodas, pues dicen que, queriendo los atenienses poblar la ciudad, exhausta de ciudadanos por las guerras y contagios, decretaron que los ciudadanos casasen con una ciudadana, y además pudiesen procrear hijos con otra mujer; y que Sócrates lo ejecutó así.

9. Tenía ánimo para sufrir a cuantos lo molestaban y perseguían. Amaba la frugalidad en la mesa, y nunca pidió recompensa de sus servicios. Decía que «quien come con apetito, no necesita de viandas exquisitas; y el que bebe con gusto, no busca bebidas que no tiene a mano». Esto se puede ver aún en los poetas cómicos, los cuales lo alaban en lo mismo que presumen vituperarlo. Así habla de él Aristófanes:

¡Oh tú, justo amador de la sapiencia,
cuán felice serás con los de Atenas,
y entre los otros griegos cuán felice!

---

[94] Véase sobre esto Ateneo, lib. XIII, poco después del principio.

Y luego:

> Si memoria y prudencia no te faltan,
> y en las calamidades sufrimiento,
> no te fatigarás si en pie estuvieres,
> sentado, o caminando.
> Tú no temes el frío ni el hambre
> abstiéneste del vino y de la gula,
> con otras mil inútiles inepcias.

Amipcias lo pinta con palio, y dice:

> ¡Oh Sócrates, muy bueno entre los pocos,
> y todo vanidad entre los muchos!
> ¡Finalmente, aquí vienes y nos sufres!
> Ese grosero manto
> ¿de dónde lo tomaste?
> Esa incomodidad seguramente
> nació de la malicia del ropero.

Por más hambre que tuviese, nunca pudo hace: de parásito. Cuánto aborreciese esta vergonzosa adulación, lo testifica Aristófanes, diciendo:

Lleno de vanidad las calles andas,
rodeando la vista a todas partes.
Caminando descalzo, y padeciendo
trabajas sin cesar, muestras no obstante
siempre de gravedad cubierto el rostro.

Sin embargo, algunas veces se acomodaba al tiempo y vestía con más curiosidad, como hizo cuando fue a cenar con Agatón; así lo dice Platón en su *Convite*.

10. La misma eficacia tenía para persuadir que para disuadir; de manera que, según dice Platón en un Discurso que pronunció sobre la ciencia, trocó a Teeteto de tal suerte, que lo hizo un hombre extraordinario[95]. Queriendo Eutrifón acusar a su padre por haber muerto a un forastero que hospedaba, lo apartó Sócrates del intento por un discurso que hizo concerniente a la piedad. También hizo morigerado a Lisis con sus exhortaciones. Tenía un ingenio muy propio para formar sus discursos según las ocurrencias. Redujo con sus amonestaciones a su hijo Lamprocles a que respetase a su madre, con la cual se portaba duro e insolente, como refiere Jenofonte.

---

[95] La frase griega es: *évoeov, lo volvió divino,* o *deificado. Évóeos significa* aquel en que está Dios.

Igualmente que removió a Glaucon, hermano de Platón, de meterse en el gobierno de la República, según pretendía para lo cual era inepto; y, por el contrario, indujo a Carmides a que se aplicase. a él, conociendo era capaz de ejecutarlo.

11. Avivó el ánimo do Ificrates, capitán de la República, mostrándole unos gallos del barbero Midas que reñían con los de Calias. Glauconides lo tenía por tan digno de la ciudad, como un faisán o pavo[96]. Decía que «es cosa maravillosa que siendo fácil a cualquiera decir los bienes que posee, no puede decir ninguno los amigos que tiene»: tanta es la negligencia que hay en conocerlos. Viendo a Euclides muy solícito en litigios forenses, le dijo: «¡Oh Euclides!, podrás muy bien vivir con los sofistas, pero no con los hombres». Tenía por inútil y poco decente este género de estudio, cono dice Platón en su *Eutidemo*. Habiéndole dado Carmides algunos criados que trabajasen en su provecho, no los admitió; y hay quien dice que menospreció la belleza de cuerpo de Alcibíades. Loaba el ocio como una de las mejores posesiones, según escribe Jenofonte en

---

[96] Como suele estimarse un ave rara y peregrina por la vista y aun por el sabor. –Kuhnio.

su Convite[97]. También decía que «sólo hay un bien, que es la sabiduría, y sólo un mal, que es la ignorancia. Que las riquezas y la nobleza no contienen circunstancia recomendable, antes bien, todos los males.»

12. Habiéndole dicho uno que la madre de Antístenes fue de Tracia, respondió: «¿Pues creías tú que dos atenientes habían de procrear varón tan grande?» Propuso a Critón rescatase a Fedón, que hallándose cautivo se veía obligado a ganar el sustento por medios indecentes. Salió, en efecto, de la esclavitud, y lo hizo un ilustre filósofo. Aprendió a tocar la lira cuando tenía oportunidad, diciendo no hay absurdo alguno en aprender cada cual aquello que ignora. Danzaba también con frecuencia, teniendo este ejercicio por muy conducente para la salud del cuerpo, como lo dice Jenofonte en su *Convite*. Decía asimismo que un genio le revelaba las cosas venideras. «Que el empezar bien no era poco, sino cercano de lo poco. Que nada sabía excepto esto mismo: que nada sabía. Que los que compran a gran precio las frutas tempranas desconfían llegar al tiempo de la sazón de ellas.»

---

[97] Véase Eliano, lib. X, cap. XVI, de su Varia historia, y Valerio Máximo, lib. VIII, cap. VIII, De otio laudato.

13. Preguntado una vez qué cosa es virtud en un joven, respondió: «El que no se exceda en nada». Decía que «se debe estudiar la Geometría hasta que uno sepa recibir y dar tierra medida»[98]. Habiendo Eurípides en la tragedia Auge dicho de la virtud

> que es acción valerosa
> dejarla de repente y sin consejo,

se levantó y se fue diciendo «era cosa ridícula tener por digno de ser buscado un esclavo cuando no se halla, y dejar perecer la virtud». Preguntado si era mejor casarse o no casarse, respondió: «Cualquiera de las dos cosas que hagas te arrepentirás». Decía que «le admiraba ver que los escultores procuraban saliese la piedra muy semejante al hombre, y descuidaban de procurar no parecerse a las piedras». Exhortaba a los jóvenes «a que se mirasen frecuentemente al espejo, a fin de hacerse dignos de la belleza, si la tenían; y si eran feos, para que disimulasen la fealdad con la sabiduría».

---

[98] Es decir, que esta disciplina y las demás deben encaminarse a la recta moral y justicia en los tratos; mas no quedarse en meras especulaciones, que las más veces son inútiles.

14. Habiendo convidado a cenar a ciertas personas ricas, como Jantipa tuviese rubor de la cortedad de la cena, le dijo: «No te aflijas, mujer, pues si ellos son parcos, lo sufrirán; y si comilones[99], nada nos importa». Decía que «otros hombres vivían para comer; pero él comía para vivir. Que quien alaba al pueblo bajo, se parece a uno que reprobase un tetradracmo[100], y recibiese por legítimos muchos de ellos». Habiéndole dicho Esquines soy pobre; nada más tengo que mi persona; me doy todo a vos, respondió: «¿Has advertido cuán grande es la dádiva que me haces?» A uno que estaba indignado por hallarse sin autoridad, habiéndose usurpado el mando los treinta tiranos, le dijo: «¿Y qué es lo que en esto te aflige?» «Que los atenienses - respondió - te han condenado a muerte.» «Y la Naturaleza a ellos», repuso Sócrates. Algunos atribuyen esto a Anaxágoras. A su mujer, que le decía que moriría injustamente, le respondió: «¿Quisieras acaso tú que mi muerte fuese justa?»Habiendo soñado que uno le decía:

---

[99] *Pauyoi,* malos, perversos, ímprobos, destemplados, malignos, imprudentes, ignorantes, etc.
[100] Tetradracma o tetradracmo era la cuarta parte de una dracma, y vendría a valer unos cuatros nuestros o medios real.

Tú dentro de tres días
a la glebosa Ftía harás pasaje,

dijo a Esquines que «pasados tres días moriría». Estando para beber la cicuta, le trajo Apolodoro un palio muy precioso para que muriese con este adorno, y le dijo Sócrates: «Pues si el mío ha sido bueno para mí en vida, ¿por qué no lo será en muerte?» Habiéndole uno dicho que otro hablaba mal de él, respondió: «Ése no aprendió a hablar bien». Como Antístenes llevase siempre a la vista la parte más rasgada de su palio, le dijo: «Veo por esas aberturas tu vanagloria». A uno que le dijo: «¿No está aquél hablando mal de ti?», respondió: «No, por cierto: nada me toca de cuanto dice». Decía que «conviene exponerse voluntariamente a la censura de los poetas cómicos, pues si dicen la verdad, nos corregiremos; y si no, nada nos toca su dicho».

15. Habiéndole injuriado de palabras una vez su mujer Jantipa, y después arrojádole agua encima, respondió: «¿No dije yo que cuando Jantipa tronaba ella llovería?» A Aleibíades, que le decía no era tolerable la maledicencia de Jantipa, respondió: «Yo estoy tan acostumbrado a ello como a oír cada mo-

mento- el estridor de la polea; y tú también toleras los graznidos de los ánsares». Replicando Aleibíades que los ánsares le ponían huevos y educaban otros ánsares, le dijo: «También a mí me pare hijos Jantipa». Quitóle ésta en una ocasión el palio en el foro, y como los familiares instasen a Sócrates a que castigase la injuria, respondió: «Pardiez, que sería una bella cosa que nosotros riñésemos y vosotros clamaseis: No más Sócrates: no *más Jantipa*». Decía que con la mujer áspera se debe tratar como hacen con los caballos falsos y mal seguros los que los manejan, pues así como éstos, habiéndolos domado, usan con más facilidad de los leales, así también yo después de sufrir a Jantipa me es más fácil el comercio con todas las demás gentes».

16. Estas y otras muchas cosas que decía y ejecutaba fueron causa de que la pitonisa testificase de él tan ventajosamente, dando a Querefón aquel oráculo tan sabido de todos:

Sócrates es el sabio entre los hombres.

Esto excitó contra él la envidia de muchos que se tenían también por sabios, infiriendo que el oráculo los declaraba ignorantes. Melito y Anito eran de éstos, como dice Platón en el diálogo *Memnón*. No podía Anito sufrir que Sócrates se le burlase, e incitó primeramente a Aristófanes contra él; después indujo a Melito para que lo acusase de impío y corrompedor de la juventud. En efecto, Melito lo acusó, y dio la sentencia Polieucto, según dice Favorino en su Historia varia. Escribió la oración[101] el sofista Polícrates, como refiere Hermipo, o bien Anito, según otros afirman; pero el orador Licón lo ordenó todo. Antístenes en las *Sucesiones de los filósofos*, y Platón en la Apología, dicen que los acusadores de Sócrates fueron tres, a saber: Anito, Licón y Melito. Que Anito instaba en nombre de los artesanos y magistrados del pueblo Licón, por parte de los oradores; y Melito, por la de los poetas, a todos los cuales reprendía Sócrates. Favorino, en el libro II de sus *Comentarios,* dice que no es de Polícrates la oración contra Sócrates, puesto que en ella se hace mención de los muros de Atenas que restauró Conón, lo cual fue seis años después de la muerte de Sócrates, y así es la verdad.

---

[101] La oración acusatoria.

17. La acusación jurada, y que, según Favorino, todavía se conserva en el Metroo[102], fue como sé sigue: «Melito Piteense, hijo de Melito, acusó a Sócrates Alopecense, hijo de Sofronisco, de los delitos siguientes: Sócrates quebranta las leyes, negando la existencia de los dioses que la ciudad tiene recibidos, e introduciendo otros nuevos; y obra contra las mismas leyes corrompiendo la juventud. La pena debida es la muerte».

18. Habiéndole leído Lisias una apología que había escrito en su defensa, respondió: «La pieza es buena, Lisias; pero no me conviene a mí»[103]. Efectivamente, ella era más una defensa jurídica que filosófica[104]. Preguntándole, pues, Lisias por qué no le convenía la oración, supuesto que era buena, respondió: «¿Pues no puede haber vestidos y calzares ricos, y a mí no venirme bien?» Justo Tiberiense cuenta en su Crónica que cuando se ventilaba la causa de Sócrates subió Platón al púlpito del tribu-

---

[102] Era un templo de Atenas, dedicado a la Gran Madre de los dioses. Podrá verse acerca de él Juan Meursio.

[103] Véase Cicerón, lib. I, De oratore; Valerio Máximo, 6, 4, número 2, in extern.

[104] Esto es, se reducía toda a súplicas y ruegos, confesando haber errado en la doctrina, proponiendo enmendarse o retractase de ello, dando la razón a los acusadores, etc.

nal, y que habiendo empezado a decir así: «Siendo yo, oh atenienses, el más joven de los que a este lugar subieron...», fue interrumpido por los jueces, diciendo: «Bajaron, bajaron»; significándole por esto que bajase de allí. Fue, pues, condenado por doscientos ochenta y un votos más de los que lo absolvían; y estando deliberando los jueces sobre si convendría más quitarle la vida a imponerle multa, dijo daría *veinticinco dracmas*. Eubulides, dice que prometió ciento. Pero viendo desacordes y alborotadores a los jueces, dijo: «Yo juzgo que la pena a que debo ser condenado por mis operaciones es que se 'me mantenga del público en el Pritaneo»[105]. Oído lo cual, se agregaron ochenta votos a los primeros, y lo condenaron a muerte. Prendiéronlo luego, y no muchos días después bebió la cicuta, una vez acabado un sabio y elocuente discurso que trae Platón en su *Fedón*.

19. Hay quien le atribuye un himno a Apolo, que empieza:

Yo os saludo, Apolo Delio

---

[105] El Pritaneo era un edificio ilustre y suntuoso en el alcázar de Atenas, en el cual no sólo se juntaba el Senado cuando

y Diana, ilustre niños.

Pero Dionisiodoro dice que este himno no es suyo. Compuso una fábula como las de Esopo, no muy elegante, que empieza:

Dijo una vez Isopo a los corintios
la virtud no juzgasen
por la persuasión y voz del pueblo.

Éste fue el fin de Sócrates, pero los atenienses se arrepintieron en tanto grado, que cerraron las; palestras y gimnasios. Desterraron a algunos, y sentenciaron a muerte a Melito. Honraron a Sócrates con una estatua de bronce que hizo Lísipo, y la colocaron en el Pompeyo[106]. Los de Heraclea echaron de la ciudad a Anito en el día mismo en que llegó.

20. No es sólo Sócrates con quien los atenienses se portaron así sino también con otros muchos, pues multaron a Hornero en cincuenta dracmas,

---

quería, sino que también eran allí mantenidos por la patria los que le habían hecho algún servicio señalado.

[106] El Pompeyo era en Atenas un edificio público donde se guardaban las cosa para las pompas, funciones y festividades de la República. Había también allí estatuas de varones ilustres.

teniéndolo por loco. A Tirteo lo llamaron demente, y lo mismo a Astidamante, imitador de Esquilo, habiéndolo antes Honrado con una estatua de bronce. Eurípides en su *Palamedes* también objeta a los atenienses la muerte de Sócrates, diciendo:

Matasteis, sí, matasteis al más sabio,
a la más dulce musa,
que a nadie fue molesta ni dañosa.

Esto es así, aunque Filicoro dice que Euripides murió antes que Sócrates. Nació Sócrates, según Apolodoro en sus Crónicas, siendo arconte Apsefión, el año IV de la Olimpíada LXXVII, a 6 de Tragelión[107], en cuyo día los atenienses lustran la ciudad, y dicen los delios que nació Diana. Murió el año I de la Olimpíada XCV, a los setenta años de su edad. Lo mismo dice Demetrio; pero aseguran otros que murió de sesenta años. Ambos fueron discípulos de Anaxágoras, Sócrates y Eurípides. Nació éste siendo arconte Calias, el año I de la Olimpíada LXXV.

21. Pienso que Sócrates trató también de las cosas naturales, puesto que dice algo de la Providen-

cia, según escribe Jenofonte; aunque él mismo asegura que sólo disputó de lo perteneciente a la moral. Cuando Platón en su Apología hace memoria de Anaxágoras y otros físicos, dice de éstos muchas cosas que Sócrates niega, siendo así que todas las suyas las atribuye a Sócrates. Refiere Aristóteles que cierto mago venido de Siria a Atenas reprobó muchas cosas de Sócrates, y le predijo moriría de muerte violenta. El epitafio mío a Sócrates es el siguiente:

Tú bebes con los dioses,
eh Sócrates, ahora.
Sabio te llamó Dios, que es sólo el sabio,
y si los atenienses
la cicuta te dieron, brevemente
se la bebieron ellos por tu boca.

22. Aristóteles dice, en el libro II de su Poética, que Sócrates tuvo disputas con cierto Antióloco de Lemnos, y con Anfitrión, intérprete de portentos, al modo que Pitágoras las tuvo con Cidón y con Onata. Sagaris fue émulo de Homero cuando todavía vivía, y después de muerto lo fue Jenofonte

---

[107] Era el mes de abril.

Colofonio. Píndaro tuvo sus contenciones con Anfímenes Cos; Tales con Ferecides; Biante con Salaro Prieneo; Pitaco con Antiménides y con Alceo; Anaxágoras con Sosibio; y Simónides con Timocreón.

23. De los sucesores de Sócrates, llamados socráticos, los principales fueron Platón, Jenofonte y Antístenes. De los que llaman los diez, fueron cuatro los más ilustres, a saber: Esquines, Fenón, Euclides y Aristipo. Trataremos primero de Jenofonte. De Antístenes hablaremos entre los cínicos. Luego, de los socráticos; y en último lugar, de Platón, que es el jefe de las diez sectas, e instituidor de la primera Academia. Éste será el orden que guardaremos.

24. Hubo otro Sócrates historiador, que describió con exactitud la región argólica. Otro peripatético, natural de Bitinia. Otro poeta epigramático. Y otro; natural de Cos, escritor de los sobrenombres de los dioses.

JENOFONTE

1. Jenofonte, hijo de Grilo, nació en Erquia, pueblo del territorio de Atenas. Fue muy vergonzoso, y hermoso de cuerpo en sumo grado. Dicen que habiéndolo encontrado Sócrates en una callejuela,

atravesó el báculo y lo detuvo. Preguntóle dónde se vendían las cosas comestibles, y habiéndoselo dicho, le preguntó de nuevo: «¿Dónde se forman los hombres buenos y virtuosos?» A lo cual, como Jenofonte no satisficiese de pronto, añadió Sócrates: «Sígueme y lo sabrás». Desde entonces fue discípulo de Sócrates. Fue el primero que publicó en forma de *Comentarios* las cosas que antes sólo se referían de palabra, siendo también el primer filósofo que escribió Historia.

2. Refiere Aristipo, en el libro IV de las Delicias antiguas, que Jenofonte amó a Clinias, y le hablaba así: «Con más gusto miro a Clinias que a todas las demás cosas bellas que tienen los hombres; nada me molestaría ser ciego para todas las cosas, con tal que gozase la vista de Clinias; aflíjome de noche y cuando duermo, porque no lo veo; doy mil gracias al día y al sol porque me manifiestan a Clinias»[108]. Hízose muy amigo de Ciro en la forma siguiente: Tenía un amigo beocio llamado Proxeno, discípulo de Gorgias Leontino y familiar de Ciro, en cuya compañía estaba en Sardes. Escribió éste a Jenofonte, que es-

[108] Este pasaje lo trae el mismo Jenofonte en su Convite, con poquísima diferencia, y es notable que Laercio vaya a buscarlo en Aristipo.

taba en Atenas, una carta en que le decía le sería muy útil hacerse amigo de Ciro. Jenofonte mostró la carta a Sócrates, y le pidió consejo; pero éste le envió a Delfos, a fin de que siguiese en el asunto lo que el oráculo le dijese. Pasó a Delfos, mas no preguntó a Apolo si le convenía ir a Ciro, sino el cómo lo había de ejecutar. Sócrates le reprendió la astucia, pero fue de parecer hiciese el viaje. Llegado a verse con Ciro, le supo captar la voluntad de tal manera, que se le hizo tan amigo como el mismo Proxeno. Por lo cual nos dejó escrito cuanto pasó en la subida y regreso de Ciro.

3. Fue mortal enemigo de Memnón de Farsalia, el cual en la subida de Ciro era conductor de las tropas extranjeras. Objetóle, entre otras cosas, que seguía amores superiores a su calidad. También afeó a cierto Apolonio llevase agujeros en las orejas. Después de la subida de los persas, rota del Ponto y quebrantamiento de la alianza por Seto, rey de los odrisos, se retiró Jenofonte al Asia a estar con Agesilao, rey de los lacedemonios; llevóle muchas tropas de Ciro para que militasen en su ejército; se puso todo en su obediencia, y fue su mayor amigo. Con esta ocasión, pareciendo a los atenienses que estaba de parte de los lacedemonios, lo condenaron

a destierro. Pasó después a Éfeso, y entregó en depósito a Megabizo, sacerdote de Diana, la mitad del oro que traía, hasta que volviese; pero si no volvía, mandó se hiciese de él una estatua de la diosa, y se la dedicase. De la otra mitad envió dones a Delfos. Habiendo Agesilao sido llamado a Grecia para hacer la guerra a los tebanos, pasó Jenofonte con él a Grecia, dándole víveres los lacedemonios. Finalmente, separado de Agesilao, se fue al territorio de Elea, cerca de la ciudad de Escilunte.

4. Iba con él, como dice Demetrio de Magnesia, cierta mujercilla llamada Filesia, y dos hijos: Grito y Diodoro, según escribe Dinarco en el libro Del repudio, contra Jenofonte; los cuales dos hijos fueron llamados Geminos[109]. Habiendo venido a Escilunte Megabizo por causa de ciertas festividades públicas, recobrando su dinero, compró y dedicó a la diosa unos campos, por medio de los cuales corre el río Selinus, del mimo nombre que el que pasa por Éfeso. Entreteníase en la caza, convidando a comer a los amigos y escribiendo Historia. Dinarco refiere que los lacedemonios le dieron habitación y tierras. Dícese también que Filópidas de Esparta le envió en don diferentes esclavos traídos de Dardania, para

que se sirviese de ellos en?. lo que gustase. Que después, habiendo venido los elienses con ejército a Escilunte, destruyeron la posesión de Jenofonte, por haber los lacedemonios tardado en venir a la defensa. Entonces los hijos de Jenofonté huyeron ocultamente con algunos esclavos, y se fueron a Lepreo. Igualmente Jenofonte, primero, se retiró a Elis; después, pasó a Lepreo, donde estaban sus hijos, y con ellos a Corinto, donde se estableció.

5. Habiendo por este tiempo resuelto los atenienses dar auxilio a los lacedemonios, envió sus hijos a Atenas para que militasen bajo de los lacedesnonios, como que habían estudiado la disciplina militar en Esparta, según escribe Diocles en las Vidas de los filósofos. Diodoro volvió de aquella jornada sin haber hecho cosa memorable, y tuvo después un hijo del mismo nombre que su hermano. Pero Grilo murió en ella peleando valerosamente entre la caballera, siendo general de ésta Cefisodoro, y Agesilao de la infantería, como dice Éforo en el libro XXV de sus Historias. La batalla fue junto a Mantiena. Murió también en ella Epaminondas, capitán de los tebanos. Dicen que Jenofonte estaba a la sazón sacrificando, con corona en

---

[109] A saber, Cástor y Pólux.

la cabeza, y tenida la noticia de la muerte del hijo, se quitó la corona; pero sabido que había muerto peleando valerosamente, se la volvió a poner. Ayunos dicen que ni aun lloró; sí que solamente dijo: «Yo ya sabía lo había engendrado mortal».

6. Aristóteles dice hubo muchísimos que escribieron elogios y el epitafio de Grilo, en parte por congraciarse con el padre. Y Hermipo dice, en *la Vida de Teofrasto*, que aun Sócrates escribió encomios de Grilo, lo cual indujo a Timón a censurarlo por los versos siguientes:

> Dos o tres, o más libros[110]
> enfermos y sin fuerza ha publicarlo,
> en todo parecidos a las obras
> de Jenofonte y Esquines, ineptas
> para persuadir cosa ninguna.

Ésta fue la vida de Jenofonte. Floreció hacia el año IV de la Olimpíada XCIV. Subió con Ciro, siendo arconte Jeneneto, un año antes de la muerte de Sócrates. Murió el año primero de la Olimpíada

---

[110] *Aóoevikn te nóywi óvás ñ tpias*, etc. Logos puede significar argumento, razón, discurso, razonamiento, palabra, disertación, oración, libro, etc.

CV (según escribe Estesiclides Ateniense en la Descripción de los arcortes y vencedores en los juegos olímpicas), siendo arconte Calidemide, en cuyo tiempo reinaba en Macedonia Filipo, hijo de Amintas. Su muerte fue en Corinto, como dice Demetrio de Magnesia, siendo ya de edad avanzada. Fue Jenofonte un varón en todo bueno: aficionado a caballos y a la caza, e inteligente en la táctica, según consta de sus escritos. Fue pío, dado a los sacrificios, muy práctico en conocer las víctimas y celoso imitador de Sócrates.

7. Escribió más de cuarenta libros, que algunos dividen con variedad. La subida de Ciro está escrita no con prefación a toda la obra, sino con proemios particulares a cada libro. Los demás escritos son: La institución, de Ciro, Los hechos memorables de los griegos, Los comentarios, El banquete, La económica, Acerca de los caballos, De la caza, Del cargo del general de caballería, La apología de Sócrates, De la semilla, Hierón, o sea Sobre el gobierno tiránico, El Agesilao, y, finalmente, Sobre las repúblicas de los atenienses y lacedemonios; bien que Demetrio de Magnesia dice que esta obra no es de Jenofonte. Dícese que poseyendo él solo los libros de Tucídides y habiendo podido suprimirlos, no lo eje-

cutó antes bien, los publicó para gloria de aquél. Llamábanlo la Musa ática, por la dulzura de su locución, y por esto había algunos celos entre él y Patón, como diremos cuando tratemos de éste.

8. Mis epigramas a Jenofonte son éstos:

> No sólo pasó a Persia Jenofonte
> por la amistad de Ciro,
> sino por caminar por la ardua vía
> que a los dioses conduce.
> Escribiendo las glorias de les griegos
> su socrático ingenio nos demuestra.

Y este otro a su muerte:

> Si por los ciudadanos
> de Cécrope y de Cranao, Jenofonte,
> desterrado te miras,
> sin más causa que ser de Ciro amigo,
> ya la hospital Corinto te recibe,
> y estableces en ella tu morada.

Me acuerdo haber leído que floreció hacia la Olimpíada LXXXIX[111], con los otros discípulos de Sócrates. Istro dice fue desterrado por decreto de Eubelo, y que por sentencia del mismo se le alzó el destierro.

9. Hubo siete Jenofontes. El primero, este de que hemos tratado. El segundo, fue ateniense, hermano del Nicostrato que compuso el poema La Teseide, el cual, entre otras cosas, escribió La Vida de Epaminondas y de Pelópidas. El tercero, médico, de Cos. El cuarto, uno que escribió la Historia de Aníbal. El quinto, trató De los portentos fabulosos. El sexto fue de Paros y escultor célebre. Y el séptimo, poeta de la comedia antigua[112].

---

[111] Arriba, donde dijo Laercio que floreció hacia la Olimpíada XCIV, debió seguir la opinión común recibida. Aquí da a entender que había quien discrepaba en algo. Bien puede decirse que un hombre florece en sabiduría dentro de unos quince años.

[112] La comedia griega tuvo tres estados: Antigua o Primitiva, la cual representa hechos verdaderos, y los actores tomaban los hombres y circunstancias de los mismos sujetos entre quienes pasó el caso, que nunca era fingido. Así en ellas motejaban personalmente y se satirizaban unos a otros, dándose en rostro con sus errores, defectos y descuidos públicos y ocultos, aun entre personas respetables. Esta demasiada libertad de los poetas, tan agradable al populacho, tenía acobardados a todos, sin atreverse a tomar parte en los negocios

ESQUINES

1. Esquines, hijo de uno que hacía longanizas[113], llamado Charino, o según quieren algunos, Lisanias, fue ateniense y muy laborioso desde su niñez. Por esta causa nunca se apartó de Sócrates, y éste por la misma solía decir de él: «Sólo sabe honrarme el hijo del longanicero». Idomeneo dice que Esquines fue, y; no Critón, quien exhortó a Sócrates huyese de la cárcel, y que Platón atribuyó a Critón aquellas palabras, porque Esquines era más amigo de Aristipo que suyo. Fue Esquines calumniado de muchos, singularmente de Menedemo Eretraite, el cual lo acusó de haberse apropiado muchos Diálogos de Sócrates que le dio Jantipa. De éstos, los llamados

---

públicos, por cuya razón Alcibíades prohibió el nombrar a nadie en la escena. Esta prohibición produjo otra especie de comedia que llamaron Media, en la cual eran verdaderos los hechos, y las personas fingidas. De ambas especies compuso comedias Aristófanes, porque en su tiempo se prohibió la Primitiva. Finalmente porque todavía los asuntos verdaderos se solían aplicar con facilidad aunque no se nombrasen, y la libertad de poetas y actores era excesiva, inventó Menandro la tercera especie de comedia, llamada Nueva en la cual fue todo fingido, hechos y personas.

[113] *Χαρίνου τοῦ ἀγκυτοττοιοῖ,* hijo de Charino, longanicero o choricero.

acéfalos son muy flojos, y no vemos en ellos la elocuencia socrática. Pisístrato Efesio decía que no son de Esquines, y Perseo asegura que mucha parte de siete de ellos es de Pasifonte Erétrico, el cual los ingirió en las obras de Esquines. Igualmente, que éste supuso El pequeño Ciro, El pequeño Hércules, el Aleibíades, y otros libros. Los Diálogos que tienen índole socrática son, éstos: el primero, Milcíades; el cual, en cierto modo, tiene menos nervio que los otros[114], Calias, Axioco, Aspasia, Aleibíades, Telauges y Rinón.

2. Dicen que por verse pobre pasó a Sicilia a estar con Dionisio, y si bien lo despreció Platón, Aristipo lo recomendó a Dionisio, quien, oídos algunos Diálogos suyos, le hizo varios dones. Volvióse a Atenas, pero no se atrevió a enseñar su filosofía por la gran reputación en que estaban Platón y Aristipo; no obstante, abrió escuela privada, y los concurrentes pagaban su tanto. Después se aplicó a defender en el foro las causas de los desvalidos, y

---

[114] Fray Ambrosio, después de Milcíades pone punto, y luego Ion quodamo imbecilior est, deinde Callias, etc. A esta versión siguen todas las latinas y vulgares que yo he visto, menos la de Enrique Estéfano, a pesar de que el texto griego no trae tal Ion. Entre los Diálogos de Platón se halla uno con este título.

por esto dijo Timón, según refieren, que «tenía fuerza de persuadir en lo que escribía». Cuéntase que viéndolo Sócrates en tanta pobreza, le dijo que sacara usura de sí mismo, quitándose algo del ordinario sustento. Aristipo tuvo por sospechosos los Diálogos de Esquines, pues leyéndolos una vez en Megara, refieren que se burló, diciendo: « ¿De dónde robaste esto, plagiario?» Policrito Mendesio, en el libro I De los hechos de Dionisio, dice que Esquines estuvo con el tirano hasta la caída[115] de éste, y regresó de Dión a Siracusa, añadiendo que estaba también con él Carcino, escritor de comedias. Corre una carta de Esquines a Dionisio.

3. Era muy versado en la oratoria, como consta por la defensa que hizo del capitán padre de Feaco, y por la de Dión. Imitó principalmente a Gorgias Leontino. Lisias escribió una oración contra Esquines intitulada De la calumnia. De todo lo cual se ve que Esquines era hábil orador. Tenía un amigo llamado Aristóteles, Mito por sobrenombre. Panecio es de sentir que de todos los Diálogos de Sócrates,

---

[115] Aquí se entiende Dionisio el segundo (hijo del otro Dionisio, primer tirano de Sicilla), en ausencia del cual, Dión siracusano, tío y cuñado suyo, se apoderó de Siracusa y demás ciudades sujetas a Dionisio, hacia la Olimpíada CIV. Eliano, Plutarco, Nepote, etc.

sólo son legítimos los de Platón, Jenofonte, Antístenes y Esquines; de los de Fedón y Euclides, está dudoso; todos los demás los reprueba[116].

4. Ocho Esquines se refieren: el primero, éste; el segundo, uno que escribió de Retórica; el tercero, fue orador, émulo de Demóstenes[117]; el cuarto, fue arcade, discípulo de Isócrates; el quinto, de Mitilene, llamado azote de los oradores; el sexto, napolitano, filósofo académico, discípulo de Melanto Rodio y súcubo suyo en el nefas; el séptimo, milesio, escritor de política; y el octavo, escultor.

ARISTIPO

1. Aristipo fue natural de Cirene, de donde pasó a Atenas, llevado de la fama de Sócrates, como dice Esquines. Fue el primer discípulo de Sócrates, que enseñó la Filosofía por estipendio, y con él socorría a su maestro, según escribe Fanias Eresio, filósofo

---

[116] Este pasaje de Panecio debiera estar colocado en la par. 1, después de las palabras y otros libros, Menagio.

[117] Traduzco émulo, por conformarse con el intérprete latino; pero no dejo de tener por muy difícil que *kata Anqoóoévnv* pueda significar émulo de Demóstenes; antes pienso quiso Laercio significar imitador de Demóstenes, o parecido a él en el estilo, o bien su amante.

peripatético. Habiéndole enviado una vez veinte minas[118], se las devolvió Sócrates, diciendo que «su genio[119] no le permitía recibirlas». Desagradaba esto mucho a Sócrates; Jenofonte fue su contrario, por cuya razón publicó un escrito contra él condenando el deleite que Aristipo patrocinaba, poniendo a Sócrates por árbitro de la disputa. También lo maltrata Teodoro en el libro De las sectas, y Platón hace lo mismo en el libro Del alma, como dijimos en otros escritos. Su genio se acomodaba al lugar, al tiempo y a las personas, y sabía simular toda razón de conveniencia. Por esta causa daba a Dionisio más gusto que los otros, y porque en todas ocurrencias disponía bien las cosas, pues así como sabía disfrutar de las comodidades que se ofrecían, así también se privaba sin pena de las que no se ofrecían. Por esto Diógenes lo llama perro real, y Timón lo moteja[120] de afeminado por el lujo, diciendo:

---

[118] La mina o mina era una moneda imaginaria de los áticos, que valía cien dracma, esto es, unos doscientos reales de vellón. Aunque había otra mina menor, que sólo valía setenta y cinco dracmas.

[119] Es sabio lo del espíritu familiar, genio o demonio, *Aaiqóviov*, que Sócrates decía tener, como cuenta Platón en diversos lugares, Jenofonte, Eliano, Apuleyo, Plutarco y otros muchos.

[120] *Παρέπαγεν.*

Cual la naturaleza de Aristipo,
blanda y afeminada,
que sólo con el tacto
conoce lo que es falso o verdadero.

2. Dicen que en una ocasión pagó cincuenta dracmas por una perdiz; y a uno que lo murmuraba, respondió: «¿Tú no la comprarías por un óbolo?» Y como dijese que sí, repuso: «Pues eso valen para mí cincuenta dracmas». Mandó Dionisio llevar a su cuarto tres hermosas meretrices para que eligiese la que gustase, pero las despidió todas tres, diciendo: «Ni aun a París fue seguro haber preferido a una». Dícese que las sacó hasta el vestíbulo y las despidió: tanta era su facilidad en recibir o no recibir las cosas. Por esta causa Estratón, o según otros, Platón, le dijo: «A ti solo te es dado llevar clámide o palio roto». Habiéndole Dionisio escupido encima, lo sufrió sin dificultad; y a uno que se admiraba de ello, le dijo: «Los pescadores se mojan en el mar por coger un gobio, ¿y yo no me dejaré salpicar saliva por coger una ballena?»[121].

---

[121] Con alguna diversidad lo cuenta Ateneo, 12, 169.

3. Pasaba en cierta ocasión por donde Diógenes estaba lavando unas hierbas, y le dijo éste: «Si hubieses aprendido a prepararte esta comida, no solicitarías los palacios de los tiranos». A lo que respondió Aristipo: «Y si tú supieras tratar con los hombres, no estarías lavando hierbas»[122]. Preguntado qué era lo que había sacado de la Filosofía, respondió: «El poder conversar con todos sin miedo». Como le vituperasen una vez su vida suntuosa, respondió: «Si esto fuese vicioso, ciertamente no se practicaría en las festividades de los dioses». Siendo preguntado en otra ocasión qué tienen los filósofos más que los otros hombres, respondió: «Que aunque todas las leyes perezcan, no obstante viviremos de la misma suerte». Habiéndole preguntado Dionisio por qué los filósofos van a visitar a los ricos, y éstos no visitan a los filósofos, le respondió: «Porque los filósofos saben lo que les falta, pero los ricos no lo saben». Afeándole Platón el que viviese con tanto lujo, le dijo: «¿Tienes tú por bueno a Dionisio?» Y como Platón respondiese que sí, prosiguió: «Él vive con mucho mayor lujo que yo; luego nada impide que uno viva regaladamente, y juntamente bien». Preguntado una vez en qué se diferen-

---

[122] Horacio, I, Epíst. 17. Val. Máx. 4, 3, in ext.

cian los doctos de los indoctos, respondió: «En lo mismo que los caballos domados de los indómitos».

4. Habiendo una vez entrado en casa de una meretriz, como se avergonzase uno de los jóvenes que iban con él, dijo: «No es pernicioso el entrar, sino el no poder salir». Habiéndole uno propuesto un enigma, como le hiciese instancia por la solución de él, le dijo: «¿Cómo quieres, oh necio, que desate una cosa que aun atada nos da en qué entender?» Decía que «era mejor ser mendigo que ignorante; pues aquél está falto de dinero, pero éste de humanidad»[123]. Persiguiéndolo uno cierta vez con dicterios y malas palabras, se iba de allí; y como el maldiciente le fuese detrás, y le dijese que por qué huía, respondió: «Porque tú tienes poder para hablar mal, y yo no lo tengo para oírlo». Diciendo uno que siempre veía los filósofos a la puerta de los ricos, respondió: «También los médicos frecuentan las casas de los enfermos, pero no por eso habrá quien antes quiera estarse enfermo que ser curador».

5. Navegaba una vez para Corinto, y como lo conturbase una borrasca, y uno le dijese: «¿Nosotros idiotas no tenemos miedo, y vosotros, filósofos,

---

[123] Quiere decir que no es hombre, sino bestia, hablando hiperbólicamente.

tembláis?», respondió: «No se trata de la pérdida de una misma vida entre nosotros y vosotros». A uno que se gloriaba de haber aprendido muchas cosas, le dijo: «Así como no tienen más salud los que comen mucho y mucho se ejercitan que los que comen lo preciso, así también no deben tenerse por eruditos los que estudiaron muchas cosas, sino los que estudiaron las útiles». Defendiólo cierto orador en un pleito, y se lo ganó; y como le dijese: «¿De qué te ha servido Sócrates, oh Aristipo?», respondió: «De que todo cuanto tú has dicho en abono mío sea verdadero». Instruía a su hija Areta con excelentes máximas, acostumbrándola a despreciar todo lo superfluo. Preguntándole uno en qué cosa sería mejor su hijo si estudiaba, respondió: «Aunque no saque más que no ser en el teatro una piedra sentada sobre otra, es bastante»[124]. Habiéndole uno encargado la instrucción de su hijo, el filósofo le pidió por ello quinientas dracmas, y diciendo aquél que

---

[124] El ignorante que va al teatro no puede divertir el espíritu, así sólo el cuerpo, con las bufonadas de los que llaman graciosos. Así que, no penetrando las sutilezas y primores de los buenos dramas (como fueron los de los griegos), viene a ser una estatura sentada en una grada; esto es, piedra sentada sobre piedra. Los teatros antiguos eran todos de piedras y mármoles.

con tal cantidad podía comprar un esclavo, le respondió Aristipo: «Cómpralo y tendrás dos».

6. Decía que «recibía el dinero que sus amigos le daban, no para su provecho, sino para que viesen éstos cómo conviene emplearlo». Notándole uno en cierta ocasión el que en su pleito hubiese buscado defensor a sus costas, respondió: «También busco a mis costas un cocinero cuando tengo que hacer algún banquete». Instándole una vez Dionisio a que dijese algo acerca de la Filosofía, respondió: «Es cosa ridícula que pidiéndome que hable, me prescribáis ahora el tiempo en que he de hablar». Indignado Dionisio de la respuesta, le mandó ocupar el último lugar en el triclinio, pero él ocurrió, diciendo: «Ya veo quisiste sea éste el puesto de más honor». Jactábase uno de que sabía nadar, a que respondió: «¿No te avergüenzas de jactarte de una cosa que hacen también los delfines?» Preguntado sobre qué diferencia hay entre el sabio y el ignorante, respondió: «Envíalos ambos desnudos a tierras extrañas y lo sabrás». A uno que se gloriaba de no embriagarse aunque bebiese mucho, le dijo: «Otro tanto hace un mulo».

7. Afeándole uno que cohabitase con una meretriz, le respondió: «Dime, ¿es cosa de importancia

tomar una casa en que vivieron muchos en otro tiempo, o bien una en que no habitó nadie?» Y respondiendo que no, prosiguió: «¿Y qué diferencia hay entre navegar en una embarcación en que han navegado muchos, y una en que nadie?» Diciéndole que ninguna, concluyó Aristipo: «Luego nada importa usar de una mujer, haya servido a muchos o a nadie». Culpándole algunos el que siendo discípulo de Sócrates recibiese dinero, respondió: «Y con razón lo hago; pues Sócrates siempre se retenía alguna porción del grano y vino que algunos le enviaban, remitiéndoles lo restante. Además, que sus despenseros eran los más poderosos de Atenas; pero yo no tengo otro despensero que Eutiques, esclavo comprado». Tenía comercio con la meretriz Laida, como dice Soción en el libro segundo de las Sucesiones; y a los que lo acusaban de ello, respondió: «Yo poseo a Laida, pero no ella a mí; pues el contenerse y no dejarse arrastrar de los deleites es laudable, mas no el privarse de ellos absolutamente»[125]. A uno que le notaba lo suntuoso de sus comidas, le respondió: «¿Tú no comprarías todo esto por tres óbolos?» Y

---

[125] Es un error gravísimo este de Aristipo, al no hacer diferencia entre los deleites honestos y torpes. Lactancio, lib. III. De falsa sapient., capítulo XV.

diciendo que sí, repuso: «Luego ya no soy yo tan amante del regalo como tú del dinero».

8. Simo, tesorero de Dionisio, le enseñaba una vez su palacio, construido suntuosamente, con el pavimento enlosado. (Era frigio de nación, y perversísimo.) Escupióle Aristipo en el rostro; y encolerizándose de ello Simo, le respondió: «No hallé lugar más a propósito». A Carondas (o a Fedón, como quieren algunos), que le preguntaba quién usaba ungüentos olorosos, respondió: «Yo, que soy un vicioso en esto, y el rey de Persia, que lo es más que yo. Pero advierte que así como los demás animales nada pierden aunque sean ungidos con ungüentos, tampoco el hombre. Así, ¡que sean malditos los bardajes que nos murmuran por esta causa!» Preguntado cómo había muerto Sócrates, respondió: «Como yo deseo morir». Habiendo una ocasión entrado en su casa Polixeno, sofista, como viese muchas mujeres y un magnífico banquete, lo censuró por ello. Contúvose por un poco Aristipo; pero luego le dijo: «¿Puedes quedarte hoy con nosotros?», y respondiendo que sí, replicó: «¿Pues por qué me censurabas?», En un viaje iba un esclavo suyo muy cargado de dinero; y como le agobiase el peso le dijo: «Arroja lo que no puedas llevar, y lleva

lo que puedas». Así lo refiere Bión en sus Ejercitaciones.

9. Navegando en cierta ocasión, como supiese que la nave era de piratas, sacó el dinero que llevaba y empezó a contarlo. Luego lo dejó caer en el mar, aparentando con lamentos que se le había caído por desgracia. Añaden algunos que dijo consigo: «Mejor es que Aristipo pierda el dinero, que no que el dinero pierda a Aristipo». Preguntándole Dionisio a qué había venido, respondió: «A dar lo que tengo y a recibir lo que no tengo». Otros cuentan que respondió: «Cuando necesitaba de sabiduría, me fui a buscar a Sócrates; ahora que necesito de dinero, vengo a ti». Condenaba el que «los hombres miren y remiren tanto las alhajas que compran, y examinen tan poco sus vidas». Algunos atribuyen esto a Diógenes.

10. Habiendo Dionisio, en un refresco que dio, mandado saliesen a danzar de uno en uno con vestidos de púrpura, Platón no lo quiso ejecutar, diciendo:

No visto yo ropajes femeniles.

Pero Aristipo, tomando aquella ropa, se la puso, y antes de empezar la danza, dijo prontamente:

Ni de Libero-Padre en los festejos,
se deja corromper el que es templado[126]

Intercedía una vez con Dionisio por un amigo, y no obteniendo lo que pedía, se arrojó a sus pies. Como alguno afease esta acción, respondió: «No soy yo el culpado en esto, sino Dionisio, que tiene los oídos en los pies». Hallándose en Asia, lo aprisionó Artafernes, sátrapa; y como uno le preguntase si creía estar allí seguro, respondió: «¿Y cuándo, oh necio, debo estar más seguro que ahora que he de hablar con Artafernes?» Decía que «los instruidos en la disciplina, encíclica[127], si carecen de la filosofía, son como los que solicitaban a Penélope, los cuáles antes poseían a Melanto, a Polidora y demás criadas, que no la esperanza de poder casarse con el ama». Semejante a esto es lo que dijo a Aristón, esto es, que ,«cuando Ulises bajó al infierno, vio y habló con casi todos los muertos; pero a la reina ni aun llegó a verla».

---

[126] Versos de Eurípides in Bacc.
[127] *Toús twv eykuníwv ttaióeuqátw tteíaokóoas.* Por disciplina encíclica se entiende doctrina circular, o sea un conocimiento general de las ciencias, aunque no sea profundo ni perfecto en cada una, como explica Vitrubio, lib. I, cap. I.

11. Preguntado Aristipo qué es lo que conviene aprendan los muchachos ingenuos, respondió: «Lo que les haya do ser útil cuando sean hombres». A uno que le preguntaba por qué de Sócrates :e había ido a Dionisio, dijo: «A Sócrates me fui necesitando ciencia; a Dionisio necesitando recreo»[128]. Habiendo recogido mucho dinero en sus discursos, como Sócrates le preguntase de dónde había sacado tanto, respondió: «De donde tú sacaste tan poco». Diciéndole una meretriz que de él estaba encinta, le respondió: «Tanto sabes tú eso como cuál es la espina que te ha punzado, caminando por un campo lleno de ellas». Culpándolo uno de que exponía un hijo como si no lo hubiese él engendrado, le respondió: «También se crían de nosotros la pituita y los piojos, y los arrojamos lo más lejos. que podemos». Habiendo recibido de Dionisio una porción de dinero, y Platón contentádose con un libro, a uno que se lo notaba, respondió: «Yo necesito dineros; Platón necesita libros». A otro que le preguntaba por qué razón lo reprendía tanto Dionisio, le respondió: «Por la misma que los demás».

---

[128] *Aeóqevos ttaióevs..., haí ttaóias.* Usa de un juego de palabras poco distintas en la pronunciación y muy diversas en el significado.

12. Pedía una vez dinero a Dionisio, y objetándole éste haber dicho que el sabio no necesita, respondió: «Dame el dinero, y luego entraremos en esa cuestión». Dióselo Dionisio, y al momento dijo el filósofo: «¿Ves cómo no necesito?» Diciéndole Dionisio:

Aquel que va a vivir con un tirano,
se hace su esclavo aunque libre sea,

repuso:

No le es esclavo, si es que libre vino.

Refiere esto Diocles en su libro De las vidas de los filósofos; otros lo atribuyen a Platón. Estando airado contra Esquines, dijo después de una breve pausa: «¿No nos reconciliaremos? ¿No cesaremos de delirar? ¿Esperas que algún truhán nos reconcilie en la taberna?» A lo cual respondió Esquines: «De buena gana». «Acuérdate, pues -dijo Aristipo-, que siendo de más edad que tú, te busqué primero». A esto dijo Esquines: «Por Juno, que tienes razón, y que realmente eres mucho mejor que yo. Yo fui el principio de la enemistad: tú de la amistad». Esto es cuanto se refiere de Aristipo.

13. Hubo cuatro Aristipos: el primero este de que tratamos; el segundo, el que escribió la Historia de Arcadia; el tercero, el llamado Metrodidacto[129], que fue hijo de una hija del primero[130], y el cuarto fue académico de la Academia nueva.

14. Los escritos que corren de Aristipo son tres libros de la *Historia Líbica* que envió a Dionisio, un libro que contiene veinticinco Diálogos, escritos unos en dialecto ático y otros en el dórico; son éstos: *Artabazo*, A los náufragos, A los fugitivos, *Al mendigo, A Laida, A Poro, A Laida acerca del espejo, Hermias, El sueño, El copero, Filomelo, A los domésticos, A los que lo motejaban de que usaba vino viejo y meretrices, A los que te notaban lo suntuoso de su mesa, Carta a su hija Areta, A uno que sólo se ejercitaba en Olimpia, La* interrogación, Otra interrogación, así como tres libros de Críos[131], uno A Dionisio, otro De la ima-

---

[129] Significa instruído por su madre.

[130] Llamada Areta, discípula de su padre.

[131] El texto griego es: *Xpeía ttpóo Aiovúóiov, AAAn éttí tñs éikóvos, AAAn éttí rñs Aiovuóiou Ouyarpós.* Crías o críos eran sentencias y dichos graves, provechosos a la vida humana. Aaristipo compuesto tres libros de estas sentencias, como consta del párrafo siguiente, uno De críos en general, dedi-

gen, otro De la hija de Dionisio, A uno que se creía menospreciado y A uno que quería dar consejos.

15. Algunos aseguran que escribió seis libros de Ejercitaciones; otros niegan que los escribiese, de los cuales es uno Sosícrates Rodio. Según Soción (en el libro II) y Panecio refieren, los libros de Aristipo son éstos: De la enseñanza, De la virtud, Exhortación, Artabazo, Los náufragos, Los fugitivos, seis libros de Ejercitaciones, tres libros de Críos. A Laida. A Poro. A Sócrates y De la fortuna. Aristipo establecía por último fin del hombre el deleite, y lo definía: «Un blando movimiento comunicado a los sentidos».

16. Habiendo, pues, ya nosotros descrito su *Vida,* trataremos ahora de los que fueron de su secta, llamada *cirenaica.* De éstos, unos se apellidaron ellos mismos *hegesianos;* otros, *annicerianos;* y otros, *teodorios.* A éstos añadiremos los que salieron de la escuela de Fedón, de los cuales fueron celebérrimos los *eretrienses.* Su orden es éste: Aristipo tuvo por discípulos a su hija Areta, a Etíope, natural de Ptolomaida, y a Antípatro Cireneo. Areta tuvo por dis-

cado a Dionisio; otro De críos en particular, acerca de alguna imagen o retrato, y otro acerca de los mismos críos, a la hija

cípulo a Aristipo el llamado Metrodidacto; éste a Teodoro, llamado Ateo y después Dios. Epitimedes Cireneo fue discípulo de Antípatro, y de Epiménides lo fue Parebates. De Parebates lo fueron Hegesias, cognominado *Pisitanato,* y *Anníceres* el que rescató a Platón[132].

17. Los que siguen los dogmas de Aristipo, apellidados *cireneos,* tienen las opiniones siguientes: Establecen dos pasiones[133]: el dolor y el deleite, llamando al deleite «movimiento suave», y al dolor «movimiento áspero». «Que no hay diferencia entre un deleite y otro, ni es una cosa más deleitable que otra. Que todos los animales apetecen el deleite y huyen del dolor». Panecio, en el libro De las sectas, dice que por deleite entienden el corporal, al cual

---

de Dionisio. Siguiendo esta explicación he traducido el texto literalmente, añadiendo la voz tres.

[132] El Anníceris que rescató a Platón, como diremos en su Vida, parece no pudo ser éste discípulo de Parebates; pues siendo Parebates discípulo de Epiménides, Epiménides discípulo de Antípatro, y éste discípulo de Aristipo, condiscípulo de Platón, debió sin duda de pasar mucho tiempo los discípulos de Parebates. Reinesio pone por lo menos ochenta años. Así, o Laercio confundió el Anníceres, fundador de la secta anniceriana, con otro Anníceris más antiguo, redentor de Platón, o los libros metieron en el texto alguna nota marginal puesta por algún semidocto.

[133] *Aúo ttáon.*

hacen último fin, del hombre, mas no el que consiste en la constitución[134] del cuerpo mismo y carencia de dolor, y como que nos remueve de todas las turbaciones, al cual abrazó Epicuro, y lo llamó último fin. Son de parecer estos filósofos que este fin se diferencia de la vida feliz, pues dicen que «el fin es un deleite particular, pero la vida feliz es un agregado de deleites particulares pasados y futuros. Que los deleites particulares se deben apetecer por sí mismos, pero la vida feliz no por sí misma, sino por los deleites particulares. De que debemos tener - dicen- el deleite por último fin, puede servir de testimonio el que desde muchachos, y sin uso de razón se nos adapta, y cuando lo disfrutamos, no buscamos otra cosa, ni la hay que naturalmente más huyamos que el dolor. Que el deleite es bueno, aunque proceda de las cosas más indecorosas - según refiere Hipoboto en el libro De las sectas -, pues aunque la acción sea indecente, se disfruta su deleite, que es bueno».

18. «No tienen por deleite la privación de dolor como Epicuro, ni tienen por dolor la privación del

---

[134] *Oú tnv kataótnuatikñv ñjovñv.* otros traducen, no el deleite permanente. Creo que el adjetivo *kataotnuatikñv* quiere algo más.

deleite». Dicen que «ambas pasiones estriban en el movimiento, sin embargo, de que no es movimiento la privación del dolor ni la del deleite, sino un estado como el de quien duerme. Que algunos pueden no apetecer el deleite, por tener trastornado el juicio. Que no todos los deleites o dolores del ánimo provienen de los dolores o deleites del cuerpo, pues nace también la alegría de cualquiera, corta prosperidad de la patria o propia». Pero dicen que «ni la memoria ni la esperanza de los bienes pueden ser deleite»; lo cual es también de Epicuro, pues el movimiento del ánimo se extingue con el tiempo. Dicen asimismo que «de la simple vista u oído, no hacen deleites, pues oímos sin pena a los que imitan ayes y lamentos, pero con disgusto a los que realmente se lamentan». Al estado medio entre el deleite y el dolor llamaban «privación de deleite» e «indolencia». «Que los deleites del cuerpo son muy superiores a los del ánimo, y muy inferiores las aflicciones del cuerpo a las del ánimo, por cuya causa son castigados en él los delincuentes». Dicen que «se acomoda más a nuestra naturaleza el deleite que el dolor, y por esto tenemos más cuidado del uno que del otro[135]. Y así, aunque el deleite se ha de ele-

---

[135] Merico Casaubono, conociendo lo frívolo y vulgar de esta

gir por sí mismo, no obstante huímos de algunas cosas que lo producen, por ser molestas; de manera que tienen por muy difícil aquel complejo de deleites que constituyen la vida feliz».

19. Son de opinión que «ni el sabio vive siempre en el deleite, ni el ignorante en el dolor; pero sí la mayor parte del tiempo; bien que les basta uno u otro deleite para restablecerse a la felicidad». Dicen que «la prudencia es un bien que no se elige por sí mismo, sino per lo que de él nos proviene. Que el hacerse amigos ha de ser por utilidad propia, así como halagarnos los miembros del cuerpo mientras los tenemos. Que en los ignorantes se hallan también algunas virtudes. Que la ejercitación del cuerpo conduce para recobrar la virtud. Que el sabio no está sujeto a la envidia[136], a deseos desordenados ni a supersticiones, pues estas cosas nacen de vanagloria, pero siente el dolor y el temor, como que son pasiones naturales. Que las riquezas no se han de apetecer por sí mismas, sino porque son producti-

---

sentencia, desea corregir el texto, mudando la voz ñóeοοαί, deleitarse, en áχοεόοαί, entristecerse, sacando esta sentencia:: <<Que los cirenaicos tenían más cuidado del cuerpo que del ánimo, por ser mayores los dolores y deleites del primero que los del segundo.>>

[136] Esto es, no tendrá envidia de nadie.

vas de los deleites». Decían que «.las pasiones pueden comprenderse, si; pero no sus causas. No se ocupaban en indagar las cosas naturales, porque demostraban ser incomprensibles. Estudiaban la lógica, por ser su uso frecuentísimo».

20. Meleagro en el libro II De las opiniones, y Clitómaco en el primero De las sectas, dicen que «tenían por inútiles la Física y la Dialéctica, porque quien haya aprendido a. conocer lo bueno y lo malo, puede muy bien hablar con elegancia, estar libre de supersticiones y evitar el miedo de la muerte. Que nada hay justo, bueno o malo por naturaleza, sino por ley o costumbre; sin embargo, el hombre de bien nada ejecuta contra razón porque le amenacen daños improvisos o por gloria suya[137], y esto constituye el varón sabio. Concédenle, asimismo, el progreso en la Filosofía y otras ciencias». Dicen que «el dolor aflige más a unos que a otros, y que muchas veces engañan los sentidos»[138].

21. Los llamados *hegesíacos* son de la misma opinión en orden al deleite y al dolor. Dicen que «ni el favor, ni la amistad, ni la beneficencia son en sí co-

---

[137] *Kaí oóeas.* El intérprete latino traduce opiniones siniestras.

sas de importancia, pues no las apetecemos por sí mismas, sino por el provecho y uso de ellas; lo cual si falta, tampoco ellas subsisten. Que una vida del todo feliz es imposible, pues el cuerpo es combatido de muchas pasiones[139], y el alma padece con él, y con él se perturba; como también porque la fortuna impide muchas cosas que esperamos. Esta es la razón de no ser dable la vida feliz, y tanto, que la muerte es preferible a tal vida[140]. Nada tenían por suave o no suave por naturaleza, sino que unos se alegran y otros se afligen por la rareza, la novedad o la saciedad de las cosas. Que la pobreza o la riqueza nada importan a la esencia del deleite, pues éste no es más intenso en los ricos que en los pobres. Que para el grado del deleite nada se diferencian el esclavo y el ingenuo el noble y el innoble, el honrado y el deshonrado. Que al ignorante le es útil la vida; al sabio le es indiferente. Que cuanto hace el sabio es por sí mismo, no creyendo a nadie tan digno de él,

---

[138] Que los sentidos no siempre nos anuncian la verdad lo dijeron y dicen infinitos; pero más que todos lo disputaron los pirrónicos, como veremos en la Vida de Pirrón.
[139] *Ttaonuátwv.*
[140] En la traducción de este pasaje sigo parte de la corrección de Merico Casaubono, no dudando de que el texto ha padecido alteración

pues aunque parezca haber recibido de alguno grandes favores, sin embargo, no son iguales a su merecimiento».

22. «Tampoco admitían los sentidos, porque no nos dan seguro conocimiento de las cosas, sino que debemos obrar aquello que nos parezca conforme a razón.» Decían que «los errores de los hombres son dignos de venia, pues no los cometen voluntariamente, sino coartados de alguna pasión. Que no se han de aborrecer las personas, sino instruirlas. Que el sabio no tanto solicita la adquisición de los bienes cuanto la fuga de los males, poniendo su fin en vivir sin trabajo y sin dolor, lo cual consiguen aquellos que toman con indiferencia las cosas productivas del deleite».

23. Los *annicerios* convienen con éstos en todo, pero «cultivan las amistades, el favor, el honor a los padres, y dejan algún servicio hecho a la patria. Por lo cual, aunque el sabio padezca molestias, vivirá, sin embargo, felizmente, aunque consiga poco deleite. Que la felicidad del amigo no se ha de desear por sí mismo, puesto que ni está sujeta a los sentidos del prójimo, ni hay bastante razón para confiar en ella y salir vencedores por opinión de muchos. Que debemos ejercitarnos en cosas buenas, por los

grande: afectos viciosos que nos son connaturales. Que no se ha de recibir al amigo sólo por la utilidad (pues aunque ésta falte, no se ha de abandonar aquél), sin por la benevolencia ya tomada, y por ella aún se han de sufrir trabajos, aunque uno tenga por fin el deleite y sienta dolor privándose de él». Quieren, pues que ase deben tomar trabajos voluntarios por los amigos, a causa del amor y benevolencia».

24. Los nombrados teodorios se apellidaron así de arriba citado Teodoro, cuyos dogmas siguieron. Est Teodoro quitó todas las opiniones acerca de los dioses; y yo he visto un libro suyo nada despreciable; intitulado De los dioses, del cual dicen tomó Epicuro muchas cosas. Fue Teodoro discípulo de Anníceri y de Dionisio el Dialéctico, según Antístenes en las Sucesiones de los filósofos. Dijo que «el fin es el gozo y el dolor; que aquél dimana de la sabiduría; éste de la ignorancia. Que son verdaderos bienes la prudencia; y la justicia; seguros males, las habituales contraria; y que el deleite y dolor tienen el estado medio». Quitó la amistad, por razón que «ni se halla en los ignorantes ni en los sabios: en los primeros, quitado útil se acaba también la amistad; y los sabios, bastándose a sí propios, no necesitan amigos». Decía ser muy conforme a razón que el

sabio no se sacrifique por la patria; pues no ha de ser imprudente por comodidad de los ignorantes. Que la patria es el mundo, Que dada ocasión se puede cometer un robo, un adulterio, un sacrilegio; pues ninguna de estas cosas es intrínsecamente mala, si de ella se quita aquel vulgar opinión introducida para contener los ignorantes[141]. Que el sabio puede sin pudor alguno usar en público de las prostitutas; y para cohonestarlo hacía estas preguntillas: «La mujer instruida en letras, ¿no es útil por lo mismo de estar instruida?» Cierto. «¿Y el muchacho y mancebo, ¿no serán útiles estando también instruidos?» Así es. Mas «la mujer es ciertamente útil sólo por ser hermosa, y lo mismo el muchacho y mancebo hermosos. Luego el muchacho y mancebo hermosos, ¿serán útiles al fin para que son hermosos?» Sin duda «Luego será útil su uso?» Concedido todo lo cual, infería: «Luego no pecará quien use de ellos si les son útiles, ni menos quien así use de la belleza». Con estas y semejantes preguntas persuadía a las gentes.

---

[141] Sin embargo de este desatino, San Clemente Alejandrino, en su Amonestación a los gentiles, pone a este Teodoro entre los filósofos que vivieron honesta y moderadamente.

25. Parece se llamaba Dios, porque habiéndole preguntado Estilpón así: «¿Crees, oh Teodoro, ser lo que tu nombre significa?» Y diciendo que sí, respondió: «Pues tu nombre dice que eres dios». Concediéndolo él, dijo Estilpón: «¿Luego lo eres?» Como oyese esto con gusto, respondió Estilpón, riendo: «¡Oh miserable!, ¿no ves que por esa razón podrías confesarte también corneja y otras mil cosas?» Estando una vez sentado junto a Euriclides Hierofanta[142], le dijo: «Decidme, Euriclides: ¿quiénes son impíos acerca de los misterios de la religión?» Respondiendo aquél que eran los que los manifestaban a los iniciados, dijo: «Impío, pues, eres tú que así lo ejecutas».

26. Hubiera sido llevado al Areópago a no haberlo librado Demetrio Falereo[143]. Y aun Anfícrates dice, en el libro De los hombres ilustres, que fue condenado a beber la cicuta. Mientras estuvo con Tolomeo, hijo de Lago, éste lo envió embajador a Lisímaco, y como le hablase con mucha libertad, le dijo Lisímaco: «Dime, Teodoro, ¿tú no estás desterrado de Atenas?» A que respondió: «Es cierto; pues

---

[142] Era el maestro y presidente de los ritos y ceremonias en los templos gentílicos.

no pudiendo los atenienses sufrirme, como Semele a Baco, me echaron de la ciudad». Diciéndole además Lisímaco: «Guardate de volver a mí otra vez», respondió: «No volveré más, a no ser que Tolomeo me envíe». Hallábase presente Mitro, tesorero[144] de Lisímaco; y diciéndole: «¿Parece que tú ni conoces a los dioses ni a los reyes?», respondió: «¿Cómo puedo no conocer los dioses, cuanto te tengo a ti por su enemigo?»

27. Dicen que hallándose una vez en Corinto y siendo acompañado de una multitud de discípulos, como Metiocles Cínico estuviese levantando unas hierbas silvestres[145] y le dijese: «Oh tú, sofista, no necesitarías de tantos discípulos si lavases hierbas», respondió: «Y si tú supieras tratar con los hombres, cierto no necesitarías esas hierbas». Semejante a esto es lo que se cuenta de Diógenes y Aristipo, según dijimos arriba. Tal fue este Teodoro y su doctrina. Finalmente, partió a Cirene, donde vivió con Mario, y fue muy honrado de todos; pero desterrándole

---

[143] El Areópago fue un tribunal de justicia de los atenienses, cuyos jueces se llamán areopagitas.

[144] *Óiokntou.*

[145] *Ókávóikas ttnúovía, scandices lavantem.* Ignoro a qué hierba o raíz corresponda la scandix. Véase Plin. 21, 15; y 22, cap. XXII y XXIV.

después, se refiere que dijo con gracejo: «Mal hacéis, oh cireneos, desterrándome de Libia a Grecia».

28. Hubo veinte Teodoros. El primero fue samio, hijo de Reco[146], el cual aconsejó se echase carbón en las zanjas del templo de Éfeso, por razón que siendo aquel paraje pantanoso, decía que el carbón, dejada ya la naturaleza lígnea, resistía invenciblemente a la humedad. El segundo fue cireneo y geómetra, cuyo discípulo fue Platón. El tercero este filósofo de que tratamos. El cuarto es el autor de un buen librito acerca del ejercicio de la voz.[147] El quinto, uno que escribió de las reglas musicales, empezando de Terpandro. El sexto fue estoico. El séptimo escribió de Historia romana. El octavo fue siracusano, y escribió de Táctica. El noveno fue bizantino, versado en .negocios políticos; y lo mismo el décimo, de quien hace mención Aristóteles en el Epítome de los oradores. El undécimo fue un escultor tebano. El duodécimo, un pintor de quien Polemón hace memoria. El décimotercero fue ateniense, también pintor, de quien escribe Menodoto.

---

[146] Reco fue un célebre arquitecto de Samos, que floreció unos setecientos años antes de Jesucristo. También Teodoro fue arquitecto, y ayudó a su padre en la reedificación del templo de Juno Samia.- Herodoto, Vitrubio.
[147] Devalkoy BiBaloy

El décimocuarto fue, asimismo, pintor, natural de Éfeso, del, cual hace memoria Teófanes en e libro De la Pintura. El décimoquinto fue poeta epigramático. El décimosexto, uno que escribió De los poetas El décimoséptimo fue médico, discípulo de Ateneo. El décimoctavo fue filósofo estoico, natural de Quío. El décimonono fue milesio, también estoico. Y el vigésimo, poeta trágico.

FEDÓN

1. Fedón, noble eleense, hecho prisionero cuando Elea fue tomada, se vio reducido a vivir con infamia retirado en un estrecho cuarto, en cuyo estado se mantuvo hasta que a ruegos de Sócrates lo rescató Aleibiades o bien Critón, desde cuyo tiempo se dio todo a la Filosofía. Jerónimo, en el libro De retener las épocas, asegura que Fedón fue esclavo. Escribió los Diálogos intitulados Zopiro y Simón, que son ciertamente suyos. El intitulado Nicias se le disputa, como también el Medo, que unos atribuyen a Esquines y otros a Polieno. Igualmente se duda del Antímaco, o sea Los ancianos. Finalmente, el diálogo intitulado Razonamientos de Escitia se atribuye también a Esquines. Su sucesor fue Plistano

Eleense, y de éste lo fueron Menedemo Eretriense y Asclepiades Fliasiense. Todos los cuales precedieron de Estilpón, y hasta ellos fueron llamados elíacos; pero desde Menedemo tomaron el nombre de eretríacos. Trataremos de éste más adelante, por haber sido también autor de secta.

EUCLIDES

1. Euclides fue natural de Megara, ciudad cercana al istmo[148], o según algunos, de Gela, como dice Alejandro en las Sucesiones. Estudio las obras de Parménides, y los que siguieron sus dogmas se llamaron megáricos; luego disputadores, y últimamente dialécticos. Dióles este nombre Dionisio de Cartago, porque sus discursos eran todos por preguntas y respuestas. Después de la muerte de Sócrates se retiraron Platón y los demás filósofos a casa de Euclides, en Megara, como dice Hermodoro, temiendo la crueldad de los tiranos. Definía que sólo hay un bien, llamado con nombres diversos: unas veces sabiduría, otras dios, otras mente, y se-

---

[148] Al istmo, o estrecho de tierra entre dos mares, por el cual deja de ser isla el Peloponeso. Este Euclides es más antiguo

mejantes. No admitía las cosas contrarias a este bien, negándoles la existencia. Sus demostraciones no eran por asunciones, sino por ilaciones o sacando consecuencias. Tampoco admitía las comparaciones en los argumentos[149], diciendo que el argumento o consta de cosas semejantes o desemejantes[150]; si consta de cosa semejantes, antes conviene examinar estas mismas cosas, que no las que se le semejan. Pero si consta de cosas desemejantes, es ocioso la instancia o comparación. Esto dio motivo a Timón para hablar de él lo siguiente, mordiendo también a los demás socráticos:

Pero, yo no me cuido
de estos y semejantes chocarreros.
No me importa Felón, sea quien fuere;
ni el litigioso Euclides,
que dio a los megarenses
el rabioso furor de las disputas.

que el geómetra de quién nos quedan los preciosos Elementos de Geometría.
[149] Acaso entiende los argumentos llamados á pari, o por puridad
[150] A las de la paridad.

Escribió seis diálogos, que son: Lampria, Fenicio, Critón, Aleibíades y Amatorio.

2. De la secta de Euclides fue Eubulides Milesio, el cual inventó en la dialéctica diversas formas de argumentos engañosos, como son: el Mentiroso[151], el Escondido[152], el Electra[153], el Encubierto[154], el Sorites[155], el Cornuto[156], y el Calvo[157]. De Eubulides dice un poeta cómico:

---

[151] El mentiroso. Es un argumento capcioso, por el cual se demuestra falsa cualquiera respuesta que se dé: v. Gr; preguntase si miente a no uno que dice que miente. Si se dice que miente, responden que es falso, pues entonces no miente. De esa falacia usa Cervantes en su Quijote, hallándose Sancho gobernador de la ínsula Barataria, donde había una puente y junto a ella una horca, en que era ahorcado todo pasajero que preguntando adónde iba se le hallaba.

[152] El escondido , latens, viene a ser la misma cosa que el encubierto, que explicaremos luego.

[153] El Electra es un argumento así nombrado de Electra, hermana de Orestes, la cual, en la tragedia de Eurípedes intitulada Electra.

[154] El encubierto, así se llamó por el ejemplo que de él suele darse de un hombre encubierto, y preguntando a uno así.

[155] Sorites es el argumento llamado montón, derivado de montón,

[156] El argumento llamado cornuto también toma el nombre del ejemplo puesto: Lo que no has perdido lo tienes; no has perdido los cuernos, luego lo tienes

[157] El calvo, parece a si mismo proviene del ejemplo que suele ponerse, que éste: Si a quien no es calvo se le arranca un pelo, no queda calvo; quien no tiene un solo pelo es calco

El fastuoso Eubulides,
embaucando los sabios oradores
con sus córneas preguntas, y mentiras
huecas y jactanciosas, ha partido[158]
locuaz, cómo Demóstenes voluble.

Parece fue discípulo suyo Demóstenes, el cual apenas podía pronunciar la letra R; pero lo consiguió poco a poco con el ejercicio[159] Eubulides fue enemigo de Aristóteles, y le contradijo en muchas cosas. Alexino Eleense fue uno de sus discípulos, hombre sumamente disputador; por cuya razón lo apellidaron Elexino[160]. Disintió mucho de las opiniones de Zenón. Hermipo dice de él que, habiendo pasado de Élite a Olimpia, abrió allí escuela de Filosofía, y que diciéndole los discípulos por qué se establecía allí, respondió quería fundar una secta que se llamase Olimpíaca. Mas ellos, obligados por la penuria de comestibles y de la insalubridad del sitio, lo abandonaron, de manera que se quedó a vivir allí

---

[158] Se fue. Marchó.
[159] Es la lección y la versión Ambrosio, Estéfano, Aldobrandini, Meibomo, como lo más probable entre la diversidad de variantes acerca de la voz.
[160] Que quiere decir disputador y contencioso de palabra.

solo con un criado. Bañándose después en el río Alfeo, se hirió con tina caña, y así murió. El epigrama que le he compuesto es el siguiente:

No era falsa la voz que un infelice
hallándose nadando, un clavo agudo
un pie le traspasó; pues Alexino,
varón honesto y sabio,
primero que el Alfeo atravesase,
perdió la vida herido de una caña.

Escribió no sólo contra Zenón, sino también otros libros y al historiador Éforo.

3. De la escuela de Eubulides salió también Eufanto Olintio, que escribió la historia de su tiempo. Compuso muchas tragedias, las cuales fueron bien recibidas en los certámenes. Fue preceptor del rey Antígono, y le dedicó un excelente tratado acerca del reinar. Hubo otros discípulos de Eubulides, uno de los cuales fue Apolonio Cronos.

DIODORO

1. Diodoro, hijo de Aminio, fue natural de Iaso, y también cognominado Cronos, del cual dice Calímaco en sus epigramas:

Aun Momo escribía
en paredes y muros: «Crono es sabio».

Era también dialéctico, y según algunos, inventó el modo de argumentar Encubierto y Cornuto. Hallándose en la corte de Tolomeo Sótero, como Estilpón le pusiese algunos argumentos de dialéctica, no pudiendo soltarlos de repente, le reprendió el rey sobre algunas causas, y por burla lo llamó Cronos. Salióse Diodoro del convite, y habiendo emprendido responder por escrito a las dificultades que Estilpón le había puesto, se abatió de ánimo, y acabó su vida. Mi epigrama a él es como se sigue:

Oh, tú, Diodoro Cronos
¿Cuál demonio te indujo
a tanto abatimiento,
que al tártaro tú mismo te arrojaste?
¿Fue por verte vencido, no pudiendo

responder de Estilpón a los enigmas?
Siendo así, con razón te llaman Cronos,
pues quitando C y R quedas Onos[161]

2. De la escuela de Euclides salieron también
Ictías, hijo de Metalo, varón noble, de quien Dioge-
nes Cínico compuso un diálogo; Clinomaco Turio,
que escribió de las Enunciaciones, Categorías, y cosas semejantes; y Estilpón, megarense, filósofo ce-
lebérrimo, de quien vamos a tratar.

ESTILPÓN

1. Estilpón, natural de Megara en Grecia[162], fue
discípulo de los discípulos de Euclides; bien que
muchos dicen lo fue de Euclides mismo, y aun de
Trasímaco Corintio, amigo de Ictías, según afirma
Heráclides. Se aventajó tanto a los demás en invención y elocuencia, que faltó poco para que toda
Grecia megarizase[163], siguiendo sus dogmas. Filipo

---

[161] Si de la palabra cronos se quitan las dos primeras letras c y
r, queda onos, que en griego, significa asno.
[162] También aquí debía de contenerse algún sentido satírico y
cáustico.
[163] La secta megárica no admitía sino un bien, como se dijo
en Euclides, párrafo I.

Megarense, hablando de su elocuencia, dice: «Arrancó de la escuela de Teofrasto a Metrodoro, teoremático[164], y a Timágoras de Gela; de la de Aristóteles Cirenaico a Clitarco y a Simias; de los dialécticos sacó a Peonio, de la escuela de Arístides, a Disfino Bosforiano y a Mirmeco Enetense, discípulos de Eufanto. Estos dos fueron a argüir con Estilpón, y quedaron sus más aficionados defensores.»

2. Fuera de éstos, atrajo a su secta a Frasidemo Peripatético, docto físico, y a Aleimo, el orador más hábil que entonces tenía Grecia. Llevóse también a Crates[165] con otros muchos, y a Zenón de Fenicia. Era muy político, y no obstante ser casado, tenía una concubina llamada Nicareta; así lo dice también Onetor. Tuvo una hija muy poco honesta, con la cual casó su familiar Simía Siracusano. Como no viviese recatada, dijo uno a Estilpón que su hija le servía de oprobio, a lo cual respondió: «No me será ella de tanto oprobio a mí, como yo de honor a ella». Dicen que Tolomeo Sótero lo recibió bien; y que, hecho ya dueño de Megara, le dio dinero, le instó a que navegase con él a Egipto; pero él, admi-

---

[164] Quizo significar gobernador o conductor del pueblo
[165] A la letra: Erat autem Mendemus difficilis captu.

tiendo sólo una parte de aquel dinero, y excusando el viaje a Egipto, se retiró a Egina, hasta que Tolomeo partiese de Megara.

Cuando Demetrio, hijo de Antígono, tomó a Megara, dejó libre la casa de Estilpón, y le restituyó lo que se le había quitado en el saco de la ciudad. En esta ocasión, queriendo el rey le diese por escrito cuánto le habían quitado en el pillaje, le dijo: «Yo nada he perdido, pues nadie me ha quitado mi ciencia; y poseo aun toda mi elocuencia y erudición». Amonestó asimismo al rey con tanta elegancia acerca de la beneficencia de los hombres, que el rey lo obedeció. Refiérese que viendo la estatua de Minerva ejecutada por Fidias, hizo a uno esta pregunta: «Minerva hija de Júpiter, ¿es dios?» Y diciéndole que sí, respondió: «Pero ésta no es hija de Júpiter, sino de Fidias», «Así es», respondió el preguntado. «Luego ésta - repuso Estilpón - no es dios». Habiendo por esto sido conducido al Areópago, dicen que no se excusó, antes se afirmó en que había hablado la verdad, pues «Minerva no es dios, sino diosa, y los dioses no son hembras». No obstante esta respuesta, los areopagitas le mandaron salir luego de Atenas, y Teodoro el cognominado Dios, le dijo por burla: «¿Y de dónde sabe Estilpón que Minerva es hembra? ¿Acaso le ha levantado la ropa y lo ha visto?» Era realmente este Teodoro muy atrevido, y Estilpón muy elegante y agudo. Habiéndole preguntado Crates si los dioses se alegraban de ser venerados y rogados, dicen que respondió: «No me preguntes de esto en la calle, necio, sino cuando nos hallemos solos». Esto mismo, se dice, respondió Bión a uno que le preguntó si había dioses, diciendo:

¿Y tú por qué no apartas esas gentes
(oh viejo miserable) que nos cercan?

4. Era Estilpón de un carácter sencillo y sin ficción alguna, acomodado a la propiedad. Habiendo en cierta ocasión hecho una pregunta a Crates Cínico, y éste en lugar de respuesta despidiese una ventosidad de su cuerpo, le dijo: «Ya sabía yo que todo lo habías de hablar, menos lo que conviene». También hizo Crates una pregunta a Estilpón, y dejó al mismo tiempo a su vista un higo seco; comióselo Estilpón al instante, y como Crates dijese: «¡Por Dios, que he perdido mi higo!», respondió: «No sólo el higo, sino también la pregunta, cuya prenda era el higo». Viendo una vez a Crates aterido de frío,

le dijo: «¡Oh Crates!, paréceme que tienes falta de ropa nueva». Como si dijese: «De vestido y de juicio». Por esto, aunque avergonzado Crates, se le burló dos veces en estos versos:

Yo vi a Estilpón sufriendo graves penas
en Megara su patria, donde anida,
según refieren, el veraz Tifeo.
Allí lo vi altercando,
cercado de una turba de mancebos.
Ni enseñaba otra cosa
que una virtud falaz y de palabra.

5. Dicen que en Atenas atrajo a sí de tal modo los hombres, que dejando sus oficinas, corrían a verlo; y a uno que le dijo: «¡Oh Estilpón, se admiran de verte como de un animal!», respondió: «No es así, sino de ver un verdadero hombre». Como era acérrimo en las controversias, negó las especies de las cosas, afirmando que lo que se decía del hombre, de ninguno en, particular se decía; pues «¿por qué había de ser éste y no aquél?, luego ni éste». Asimismo: «Si me muestras una hierba, diré que no lo es en especial; pues: la hierba existía ha más de mil años; luego esta que me muestras no es hierba». Dí-

cese que estando comunicando con Crates, en mitad de la conversación corrió a comprar unos peces; y como Crates lo quisiese detener, diciéndole: «¿El hilo del discurso rompes?» No respondió Estilpón: «conmigo llevo el discurso; tú ere: a quien dejo. Nuestra conversación no se va; mas la: provisiones se venden».

6. Corren de él nueve diálogos bastante fríos. Su. títulos son: Mosco, Aristipo o sea Calias, Tolomeo Querécrates, Metrocles, Anaximenes, Epigenes, A su hija, Aristóteles. Heráclides dice que Zenón, autor d: la secta estoica, fue discípulo de Estilpón. Murió y: viejo, según dice Hermipo, habiendo antes bebido vino para morir más presto. Mi epigrama a él es el siguiente:

> Vejez y enfermedad juntas cogieron
> a Estilpón megarense: lo conoces.
> Yunta infeliz por cierto entrambas hacen.
> Mas él supo formar del vino puro
> un cochero más ágil
> que aquellas duras bigas
> Salió, pues, de este mundo con beberlo.

Motejó a Estilpón el cómico Sofilo en el drama intitulado Las nupcias, diciendo:

De Estilpón los ocultos pensamientos
son patentes discursos de Carino.

CRITÓN

1 Critón Ateniense fue sumamente afecto a Sócrates, y cuidó tanto de él que nunca sufrió le faltase nada de lo preciso. Sus hijos Critóbulo, Hermógenes, Epigenes y Ctesipo fueron discípulos de Sócrates. Escribió Critón un libro que contiene diecisiete diálogos con estos epígrafes: El ser docto no es ser bueno, Qué cosa es ser rico, Qué cosa es ser apto, o El político, De lo honesto, Del maleficio, De la buena disposición[166], De la ley, De lo divino, De las artes, Del uso venéreo[167], De la sabiduría, Protágoras, o sea El político, De las letras,

---

[166] Del buen orden y disposición de las cosas. Aquí se interpreta esta expresión en Hesíodo.
[167] Esta voz también puede admitir otros significados.

De la poesía, De lo bueno, De la enseñanza, Del conocer o saber, De la ciencia o Del ser sabio[168].

SIMÓN

1. Simón, natural de Atenas, fue de oficio correero. Siempre que Sócrates venía a su oficina y discurría de alguna cosa, apuntaba Simón cuanto se le había quedado en la memoria. Por esto sus diálogos se llaman Correaje. Son treinta y tres, unidos en un libro, cuyos títulos son: De los dioses, De lo bueno, De lo honesto, y Qué cosa sea, De lo justo, dos diálogos, Que la virtud no. es enseñable, De la fortaleza, o sea De lo varonil, tres diálogos, De la ley, Del gobierno del pueblo; Del honor, De la poesía, De tal buena constitución del cuerpo, Del amor, De la Filosofía, De la ciencia, De la Música, De la Poesía[169], Qué cosa sea lo bello, De la enseñanza,

---

[168] Que cosa sea saber: pues, aunque no haya segunda conjunción divisiva, pueda esta suplirse, y Learcio la omite no pocas veces.

[169] Este diálogo debía de ser diferente del arriba dicho con el propio titulo; pues de lo contario, no serían treinta y tres los aquí nombrados.

De la conversación, Del juicio, Del ente, Del número, De la solicitud, Del obrar, Del avaro, De la jactancia, De lo honesto. A éstos se añaden: Del dar consejo, De la racionalidad o aptitud, y Del maleficio.

Refiérese que Simón fue el primero que esparció la doctrina de Sócrates por medio de sus discursos. Exhortándole Pericles a que se viniese a vivir con él, prometiéndole mantenerlo, respondió que «no pensaba cautivar su libertad».

Hubo otro Simón, que escribió Del Arte Oratoria; otro que fue médico de Seleuco Nicanor, y otro escultor.

GLAUCO

Glauco Ateniense escribió nueve diálogos, que van juntos en un libro. Intitulándose: Fidilo, Eurípides, Amíntico, Eutia, Lisítides, Aristófanes, Céfalo, Anaxifemo y Menexeno. Corren bajo de su nombre otros treinta y dos, pero son supuestos.

SIMÍAS

1. Simías fue tebano. Corre también un libro suyo que contiene veintitrés diálogos. Son: De la sabiduría, Del raciocinio, De la música, De los versos, De la fortaleza, o sea De lo varonil, De la Filosofía, De la verdad, De las letras, De la enseñanza, Del arte, Del régimen, Del decoro, De lo que se ha de elegir o evitar, Del amigo, De la ciencia, Del alma, Del bien vivir. De la posibilidad, Del dinero, De. la vida, Que cosa sea honesta, De la solicitud, y Del amor.

CEBETE

1. Cebete fue tebano, y quedan suyos tres diálogos, que son: La tabla[170], La séptima y Frinico.

MENEDEMO

1. Menedemo, filósofo de la secta de Fedón, fue hijo de Clitenes, varón noble y de la familia de los teopropidas, bien que arquitecto y pobre. Algunos

---

[170] Se entiende tablas pintada, o digamos un cuadro de pinturas. Este pequeño libro permanece y es bien conocido de todos por su buena moral.

dicen que también fue pintor de escenas[171], y que ambas artes aprendió su hijo Menedemo, por cuya razón, habiendo escrito cierto proyecto al público, lo censuró un tal Alexinio diciendo que trío era decente a un sabio pintar escenas ni dar proyectos. Habiendo los eretrienses enviádolo de guarnición a Megara, entró de paso en la Academia de Plantón, donde quedó captado y dejó la milicia; pero llevándoselo de allí Asclepiades Fliasio, estuvo con Estilpón en Megara y ambos fueron sus discípulos. De allí navegaron a Élide. y se unieron con Anquinilo y Mosco, discípulos de Fedón. Hasta entonces, según dijimos tratando de Fedón, se llamaban elíacos, pero después se apellidaron eretríacos, por la patria de Menedemo.

2 Fue hombre muy serio y grave, por cuya razón Crates[172], por burla, lo llamaba

el esculapio Filasio, y toro Eretrio.

Y Timón dice que era

---

fútil en cuanto hablaba, y vocinglero.

Era tanta su severidad, que habiendo Antígono convidado a cenar[173] a Euriloco Casandreo y a Cleipides, joven cicizeno, rehusó[174] el ir, temiendo no lo supiese Menedemo. En las reprensiones era vehemente y libre; y habiendo visto a un mozo que mostraba ser muy audaz, nada le dijo; pero tomando un palito, dibujó en el suelo la figura de uno que padece el nefando por lo cual, como todos mi rasen al mozo, conoció éste su oprobio y se retiró. Estando una vez con Hierocles, superintendente del puerto Pireo, junto al templo de Anfiarao, como Hieirocles discurriese mucho de la destrucción de Eretria, no respondió otra cosa sino preguntar: «¿Cómo es que Antígono te sujeta a sus influencias?» A un adúltero que audazmente se gloriaba del delito, le dijo:« ¿Sabes que no sólo es útil el jugo de la berza, sino también el del rábano?»[175]. A cierto

---

[173] Es principalmente llamar a comer o convidar, y según usaban los antiguos a cenar.

[174] Este diálogo debía de ser diferente del arriba dicho, con el propio título, pues de lo contrario, no serían treinta y tres los aquí nombrados.

[175] Es muy regular que esta frase tuviese algún significado metafórico y mordaz, además del natural y obvio.

mozo que daba gritos, le dijo: «Mira no tengas detrás algo, que ignores»[176].

3. Consultándolo Antígono acerca de si concurriría o no a cierto convite desmoderado, solamente le envío a decir: «Acuérdate que eres hijo de rey». A un insensato que le estaba diciendo cosas importunas, le preguntó si tenía tierras propias, y respondiendo que tenía muchas, le dijo: «Anda, pues, y ten cuidado de ellas, no te suceda el que se deterioren y pierdas una sencillez laudable». Preguntándole uno si era conveniente el que un sabio se casase, le respondió: «¿Tú me tienes a mí por sabio o no?» Y diciendo que sí, concluyó: «Pues yo soy casado». A uno que decía eran muchas las especies de bienes, respondió preguntándole cuántas eran, y si creía fuesen más de ciento. No habiendo podido reformar, el lujo de la mesa de uno que solía convidarlo a comer, otra vez que lo llamó nada le dijo sobre ello, pero reprendió tácitamente el exceso, comiendo sólo hierbas.

4. Esta libertad lo puso en gran riesgo hallándose en Chipre con Nicocreón, en compañía de su amigo Asclepiades; pues habiéndolos llamado el rey

---

[176] También aquí debía de contenerse algún sentido satírico y cáustico.

con otros filósofos a una festividad que celebraba mensualmente, dijo Menedemo: «Si esta asamblea de varones es honrosa, cada día debiera celebrarse la fiesta; pero si no, superflua es aun la celebración presente». Ocurrió a esto el tirano diciendo que «este día le quedaba libre después del sacrificio para oír a los filósofos»; pero él permaneció más firme en su sentencia, demostrando, por lo que del sacrificio había dicho, que «conviene oír a los filósofos en todos tiempos»; urgiendo de manera que a no hacerlos salir de allí un músico flautista, hubieran perecido. Después, como en la navegación padeciesen borrasca, se refiere que dijo Asclepiades que «la destreza música de un flautista los había libertado, y la libertad de Menedemo los había perdido».

5. Dicen que era sencillo y descuidado en el enseñar, ni guardaba orden alguno entre los que oían, pues no había asientos a su derredor, sino que cada cual estaba donde quería, ya fuese paseando, ya sentado: ésta era su costumbre. Pero, por otra parte, afirman fue ambicioso de gloria y temeroso de ignominia; de manera que, a los principios de su amistad con Asclepiades, ayudaban ambos a un alarife en sus obras, y como Asclepiades condujese desnudo el barro a lo alto del techo, Menedemo se

escondía si veía venir alguno. Mas después que entró en los negocios públicos se enajenaba tanto, que, habiendo una vez de ofrecer incienso, no acertó a ponerlo en el turíbulo. Censurándole una ocasión Crates el que se hubiese dado a los negocios públicos, lo mandó castigar con cárcel. Esto no obstante, Crates, andando de puntillas y mirando a los que pasaban, lo llamaba Agamenonio y Egesípolis[177].

6. Era un poco inclinado a la superstición, pues habiendo comido con Asclepiades en un figón carnes mortecinas sin saberlo, luego que lo supo se llenó de ascos y se puso pálido, hasta que lo reprendió fuertemente Asclepiades, diciéndole que «no eran las carnes quien lo conturbaban, sino la aprensión de ellas». Fuera de esto, fue hombre magnánimo y liberal. Duraba en él, aunque anciano, la habitud corporal de cuando era joven, no menos firme que un atleta, y con el rostro tostado; corpulento, de tez limpia y de mediana estatura, como manifiesta su estatua, que se ve en el estadio antiguo de Eretria; la cual está ejecutada de modo que se manifiesta desnuda la mayor parte de su cuerpo. Era muy franco en hospedar a sus amigos en su casa, y

---

[177] La estrecha amistad de Pilades con Orestes.

siguiendo el vicio común de Eretria, muy dado a convites, a que solían concurrir poetas y músicos.

7. Apreciaba mucho a Arato, a Licofrón, poeta trágico, y a Antágoras Rodio; pero más que a todos veneraba a Homero, después a los líricos, y luego a Sófocles. En la sátira daba el primer lugar a Esquilón, y a Aqueo el segundo; por lo cual, contra los opuestos a su sentir en el gobierno del pueblo, recitaba estos versos:

Fue el veloz alcanzado de un enfermo;
y la tarda tortuga, brevemente
del águila venció la ligereza.

Estos versos son tomados de la sátira de Aqueo intitulada Onfale. Yerran, por tanto, los que aseguran que nada leyó sino la Medea de Eurípides, que dicen anda entre las obras de Neofrono Sicionio. De los maestros desechaba a Platón, a Jenócrates y a Pare-bates Cirenaico. Admiraba mucho a Estilpón; y preguntado acerca de él en cierta ocasión, nada más dijo sino «que era liberal».

8. Sus discursos eran difíciles de comprender, y ponía tanto cuidado en su composición, que apenas podía nadie contradecirlos. Era de ingenio versátil, e

inventor de nuevas frases y dicciones. Antístenes dice en las Sucesiones que era acérrimo en las disputas, y urgía con estas preguntas: «¿Una cosa no se diferencia de otra? Ciertamente. Pues lo provechoso, verbigracia, es diferente de lo bueno. Así es: luego lo bueno no es lo mismo que lo provechoso». Dicen que no admitía los axiomas negativos, y los que ponía siempre eran afirmativos; y aun de estos aprobaba los sencillos y reprobaba los complicados, llamándolos intrincados y enredosos. Heráclides dice que en los dogmas fue platónico; pero no admitía la dialéctica, tanto, que preguntándole Alexinio si había dejado ya de herir al padre, respondió: «Ni lo he herido, ni lo he dejado de herir». Replicóle Alexinio diciendo que convenía explicase aquella ambigüedad con decir sí o no; pero él respondió: «Cosa ridícula sería seguir; vuestras leyes, cuando es lícito repugnar en las puertas» Como Bión persiguiese con ardor a los: adivinos, le dijo que «eso era degollar los muertos». Oyendo decir a uno que es un gran bien conseguir: cada uno lo que desea, respondió: «Mucho mayor bien es no desear más de lo conveniente».

9. Antígono Caristio dice que Menedemo nada escribió ni compuso, ni menos estableció dogma

alguno Que en las cuestiones era tan contencioso, que con la vehemencia se le ponían cárdenos los párpados inferiores. Pero aunque era tal en las disputas, no obstante era humanismo en las obras; pues aunque Alexinio lo mofase y burlase en gran manera, no obstante le hizo algunos beneficios, v. gr., el de conducir a su mujer desde Delfos a Caleide, en tiempo en que se temían latrocinios y rapiñas en el camino. Era fiel amigo, como consta de la estrechez que tuvo con Asclepiades, nada menor que la de Pílades; pero como Asclepiades era de más edad, lo llamaban el Poeta, y a Menedemo el Actor. Dícese que habiéndoles dado Arquipolis tres mil (dracmas), contendieron sobre quién de los dos había de ser el postrero en tomar su porción, y ninguno la tomó. Refiérese también que ambos fueron casados con madre e hija, Asclepiades con la hija y Menedemo con la madre, pero después que murió la mujer de Asclepiades, recibió la de Menedemo, y éste, como que gobernaba en la República, casó con una rica; bien que, como vivían juntos, permitió a la primera mujer el gobierno de la casa. Asclepiades murió de edad avanzada en Eretria, antes que Menedemo, habiendo vivido en compañía de éste con mucha frugalidad en medio de la opulencia.

10. También se dice que pasado algún tiempo concurrió a un convite en casa de Menedemo el amado de Asclepiades, y como los criados lo excluyesen, Menedemo lo hizo entrar diciendo: «Asclepiades le abre las puertas, aun estando enterrado. Tenían ambos quien les suministrase todo lo necesario, y eran Hipónico Macedón y Agetor Lamieo. El primero dio a cada uno de ellos treinta minas, e Hipónico a Menedemo dos mil dracmas para dote de sus hijas. Éstas eran tres, habidas con su mujer Oropia, como dice Heráclides. El método que usaba en sus convites[178] era éste: comía él primero con dos o tres compañeros, permaneciendo en la mesa hasta el fin de la tarde, y entonces mandaba entrar los convidados que hubiesen venido (los cuales debían haber ya cenado), y él se paseaba fuera. Si alguno venía temprano, preguntaba a los que salían qué era lo que habían sacado a la mesa y en qué estado estaba. Si los convidados oían que no había más que algunas hierbas o salsitas, se iban; pero si había algo de carne, entraban. Sobre los lechos de los triclinios ponía esteras en verano, y en invierno

---

[178] Antes significa refrescos y bebidas. No obstante, algunas veces por dicha voz también querían significar los banquetes, no tanto había algo que comer que llamase la bebida.

pieles. Debían los convidados traer consigo su al-
mohada. El vaso con que bebían todos no excedía
la cótila. Los postres eran altramuces y habas; aunque también daba frutas en las sazones, verbigracia,
peras, granadas, legumbres e higos secos: todo esto
lo refiere Licofrón en una de sus sátiras, intitulada
Menedemo, formando un poema en encomio de
este filósofo, de cuyos versos son parte los siguientes:

> En su convite simple y moderado,
> es reducido el vaso que circuye,
> y los mejores postres de los sabios
> son las conversaciones eruditas.

11. Al principio fue Menedemo muy desprecia-
do, y los eretrienses lo llamaban perro; pero después
lo admiraron de manera que le dieron el gobierno
de la República. Fue embajador en las Cortes de
Tolomeo y de Lisímaco, donde fue muy honrado,
como también en la de Demetrio, de quien alcanzó
perdonase a su patria cincuenta talentos cada año,
de doscientos que le pagaba. Fue acusado ante Demetrio de que quería entregar la ciudad a Tolomeo:

pero él se purgo de la calumnia por medio de una carta que empieza:

«MENEDEMO AL REY DEMETRIO: SALUD

»Oigo que te han referido de mí varias imposturas etcétera, por la cual lo avisa se guarde de un contrario suyo en el gobierno, llamado Esquiles. Ello es cierto que admitió muy contra su voluntad la embajada a Demetrio acerca de la ciudad de Oropo, de lo cual hace también mención Eufanto en sus Historias.

12. Amábalo mucho Antígono, y se publicaba discípulo suyo, y habiendo vencido ciertos pueblos bárbaros cerca de Lisimaquia, escribió Menedemo un decreto sencillo y libre de adulaciones, cuyo principio es: «Los capitanes y senadores dicen: Que habiendo el rey Antígono derrotado los bárbaros, vuelto a su reino, gobierna todas las cosas acertadamente, es de sentir el Senado y plebe», etc. Por esto, y por la amistad que con él tenía, creyendo quería entregarle la ciudad, fue tenido por sospechoso; y habiéndolo acusado Aristodemo, partió ocultamente a Oropo, y habitó allí en el templo de Anfiarao. Habiendo en este tiempo faltado del tem-

plo los vasos de oro, como dice Hermipo, los beocios, de común consejo, le mandaron salir de allí. Salióse, pues, de Oropo muy caído de ánimo, y entró ocultamente en su patria, de donde, sacando a su mujer e hijas, se fue al rey Antígono,` donde murió de tristeza.

13. Heráclides dice todo lo contrario, asegurando que siendo Menedemo el principal del Senado de Eretria, la libró muchas veces de tiranos que la querían entregar a Demetrio; por consiguiente, que fue calumnia el decir la quería poner en poder de Antígono. Que yendo a este rey, como no lo hubiese podido inducir a que sacase su patria de esclavitud, se privó de alimento por siete días, y murió. Semejante a esto es lo que refiere Antígono Caristio. Sólo a Perseo hizo viva guerra, pues era sabido que queriendo Antígono hacer libre a Eretria por amor de Menedemo, lo prohibió Perseo. Por lo cual Menedemo habló contra él en un convite, y entre otras cosas dijo: «Éste, a la verdad, es filósofo; pero el hombre más malo de cuantos hay y ha de haber». Finalmente, dice Heráclides que murió a los setenta y cuatro años de edad. Mis versos a él son los siguientes:

Tu muerte hemos sabido, ¡oh Menedemo!,
tomada por tu mano, no gustando
por siete enteros. días cosa alguna.
La facción que emprendiste por Eretria
fue con gran cobardía, pues a ella
te condujo a misma atropellado.

Éstos fueron los filósofos socráticos y los que salieron de ellos: pasaremos ahora a tratar de Platón, fundador de la Academia, con los que fueron instituidos por él.

LIBRO TERCERO

PLATÓN

1. Platón, hijo de Aristón y de Pericciona o Potona, fue ateniense. Dicha su madre descendía de Solón, pues Dropidas, hermano de éste, tuvo un hijo, Cricias, y de Cricias nació Calescros. De Calescros nació Cricias, uno de los treinta tiranos[179], y padre de Glauco. Hijos de éste fueron Carmides y Pericciona, y de ésta y Aristón nació Platón, al sexto grado de descendencia con Solón. Descendía éste de Neleo y de Neptuno. Dicen también que su padre Aristón descendía de Codro, hijo de Melanto, los cuales eran asimismo descendientes de Neptuno, según Trasilo. Espeusipo, en el libro intitulado De la cena de Platón; Clearco, en el Encomio de Pla-

tón, y Anaxalides, en el libro II De los Filósofos, dicen que en Atenas había tradición de que, siendo Pericciona muy hermosa, quiso Aristón violentarla, pero que no lo ejecutó, absteniéndose de esta fuerza por haber tenido en sueños una visión de Apolo, y desde entonces hasta el parto la conservó pura de unión carnal.

2. Nació, pues, Platón, como dice Apolodoro en sus Crónicas, en la Olimpíada LXXXVIII, día 7 de Targelión, en cuyo día dicen los delios que nació también Apolo. Murió, según Hermipo, el año primero de la Olimpíada CVIII, comiendo en un convite nupcial el año ochenta y uno de su edad. Neantes afirma que murió de ochenta y cuatro años. Así es que seis años posterior a Isócrates, pues éste nació siendo arconte Lisímaco, y Platón siéndolo Aminias, en cuyo tiempo- murió Pericles. Antileo, en el libro II De los tiempos, dice que Platón nació en el lugar de Coluto; otros quieren naciese en Egina, en casa de Fidíades, hijo de Tales, según escribe Favorino en su Varia historia, habiendo sido enviado allí su padre a formar una colonia, de donde regresó a Atenas cuando los lacedemonios, auxiliando a los eginenses, los echaron de Egina.

---

[179] Abril

3. Dio Platón a los atenienses unas fiestas teatrales, cuyo gastos pagó Dion, como refiere Atenodoro en el libro VIII De los Peripatos[180] Tuvo dos hermanos, Adimanto y Glaucón; y una hermana llamada Potona, que fue madre de Espeusipo. En las letras fue discípulo de Dionisio, de quien hace memoria en su Anterastes[181]. Se ejercitó en la palestra bajo la dirección de Aristón Argivo, maestro de lucha, desleal, por la buena proporción del cuerpo, le mudó en el de Platón el nombre de Aristocles que antes tenía, tomado de su abuelo, según dice Alejandro en las Sucesiones. Otros son de sentir fue llamado así por lo amplio de su locución, o bien porque tenía la frente ancha, como escribe Neantes. Dicen algunos que luchó en los juegos ístmicos; lo que afirma también Dicearco en el libro I de las Vidas. Ejerció asimismo la pintura, y compuso primero ditirambos, después cantos y tragedias. Timoteo ateniense dice en las Vidas que Platón tuvo la voz delgada.

4. Refiérese que Sócrates vio en sueños un polluelo de cisne que plumaba sobre sus rodillas, el

---

[180] Acaso mejor, de los paseos, como el interprete latino traduce en la Vida de Teosfrasto.

cual, metiendo luego alas, se elevó por los aires y dio dulcísimos cantos, y que habiéndole sido llevado Platón el día siguiente, dijo: «He aquí el cisne». Empezó a filosofar en la Academia[182], y después en unos jardines junto a Colono. Así lo dice Alejandro en las á; Sucesiones, citando a Heráclito. Habiendo después de entrar en un certamen trágico, oída primero la composición de Sócrates, quemó las suyas, diciendo:

Oh, ven afluí, Vulcano;
Platón te necesita en el momento.

Desde entonces se hizo discípulo de Sócrates, estando a los veinte años de edad. Muerto Sócrates, se pasó a la escuela de Cratilo, discípulo de Heráclito, y a la de Hermógenes, que seguía los dogmas de Parménides.

5. A los veintiocho años de edad pasó con otros socráticos a Megara a oír a Euclides, según lo escribe Hermodoro. De allí se fue a Cirene y, se hizo

[181] Es uno de los diálogos existentes de Platón y significa Los Rivales. Platón lo intitula amatores.
[182] Más adelante explica Learcio cúal fuese este lugar y edificio llamado Academia, del cual tomaron su nombre las sectas académicas.

discípulo de Teodoro, matemático, de donde pasó a Italia a oír los pitagóricos Filolao y Eurito. De allí, finalmente, partió a Egipto a oír los adivinos, adonde dicen lo acompañó Eurípides. Que allí enfermó, y lo curaron los sacerdotes bañándolo en el mar; por lo cual dijo:

Lava el mar las dolencias de los hombres.

Como también con Homero: «Que los egipcios eran todos médicos». Había todavía determinado pasar a conversar con los magos; pero se lo estorbaron las guerras de Asia. Volvió por fin a Atenas, y habitó en la Academia, la cual es un gimnasio suburbano con arboledas, llamada así de cierto héroe nombrado Academo, según escribe Eupolis en su drama Los exentos de la milicia, por estas palabras:

En los paseos dulcemente umbrosos
del dios que apellidamos Academo.

Timón, igualmente, hablando contra Platón, dice:

Entre ellos paseaba muy erguido

Platón, de cuyo labio
dulzuras procedían, semejantes
a las del canto igual de las chicharras,
sentadas en los árboles frondosos
del floreciente bosque de Ecademo

Antes se llamaba Ecademia, no Academia.

6. Platón era amigo de Isócrates, y Praxifanes describió cierta disputa que ambos tuvieron acerca de los poetas, hallándose Isócrates hospedado con Platón en una casa de campo. Aristójenes dice que militó en tres ocasiones: la primera en Tanagra, la segunda en Corinto, y la tercera en Delio, adonde peleó valerosamente. Hizo una especie de miscelánea filosófica de las opiniones de los heraclíticos, de los pitagóricos y de los socráticos. En las cosas sensibles o sujetas a los. sentidos filosofaba con Heráclito, en las intelectuales. con Pitágoras, y en las políticas o civiles con Sócrates. Sátiro y otros dicen que escribió a Dion, que estaba en Sicilia, para que le comprase de Filolao tres libros, agóricos, por precio de 100 minas. Podía ejecutarlo, habiendo recibido de Dionisio más de 80 talentos según escribe Onetor en el libro intitulado Si conviene o no que el sabio procure hacerse rico.

7. Sirviose mucho del poeta cómico Epicarmo, del cual copió muchas cosas, como dice Alcimo en filos cuatro libros que dedicó a Amintas. En el primer libro dice así: «Consta que Platón toma muchas cosas de los escritos de Epicarmo». Dice Platón: «Se ha de considerar qué cosas sensibles son aquellas que nunca permanecen en un estado mismo en cualidad ni en cantidad, sino que se mudan y corren continuamente. Al modo que si de una suma se quita un número, no quedará la misma en cantidad ni en cualidad. Y éstas son las cosas cuya generación no se intermite, pero y nunca vemos nacer la sustancia. Las inteligibles son á aquellas a quienes nada se añade o quita. Así es la naturaleza de las cosas eternas, que siempre es una misma. Y Epicarmo, acerca de las cosas sensibles e intelectuales, dice expresamente:

- Los dioses existieron
siempre, sin que de ser jamás dejasen:
Y lo que siempre fue, siempre es lo mismo,
puesto que existe por esencia propia.
Pero dicen que el caos
fue engendrado el primero de los dioses.
-¿Cómo, si no es posible

sea el primero quien proviene de otro?
Así que no hay primero ni segundo.
Pero en aquellas cosas que a nosotros
competen, establezco lo siguiente:
Quien al número par o impar añada
una parte o la quite, ¿por ventura
quedará el mismo número primero?
- No quedará, por cierto.
- Y si uno añadiese a la medida
de un codo, otra medida fija y cierta,
o bien la sustrajese,
tampoco quedaría el codo mismo:
¿No es así? Ahora bien, pues considera
con atención los hombres,
verás que uno creciendo, otro menguando,
todos están en mutación continua;
y aquello que se muda,
según naturaleza,
y en un estado mismo no persiste,
va siendo diferente de lo que era.
Aun tú y yo fuimos otros
ayer, mas hoy ya somos diferentes,
y aun otros mañana. Así, que nunca,
por la dicha razón, somos los mismos.

8. Además de esto, dice Alcimo lo siguiente: «Los sabios afirman que el alma percibe unas cosas por medio del cuerpo, verbigracia: oyendo y viendo; y otras las advierte por sí misma, sin ministerio del cuerpo. Y así, de todo lo que tiene ser, unas cosas son sensibles, y otras intelectuales; por lo cual decía Platón que los que quieren comprender los principios de todas las cosas, primeramente dividen entre sí mismas las especies que llaman ideas, a saber, la Semejanza, la Unidad, la Multitud, la Magnitud, la Quietud, el Movimiento. En segundo lugar, consideran en sí misma la idea de lo honesto y lo bueno; de lo justo y lo injusto. En tercer lugar, advierten las ideas que tienen conexión entre sí, verbigracia, la Ciencia, la Magnitud, la Dominación; y consideran también que las cosas que existen en nosotros suelen hacerse equívocas por su mutua coherencia. Por ejemplo, digo que son justas las cosas que participan de lo justo: honestas, las que participan de lo honesto. Que cada una de estas especies es eterna, la percibe el entendimiento y está libre de toda confusión; por lo cual, dice, las ideas existen en la Naturaleza como ejemplares; y otras cosas semejantes a éstas.

9. Ahora, pues, Epicarmo, acerca de lo bueno y de las ideas, dice:

-¿Es el son de una flauta
acaso alguna cosa? - Ciertamente.
-¿Luego son de una flauta será el hombre?
De ninguna manera.
Vamos a demostrarlo:
¿Un flautista quién es?, ¿por quién lo tienes?
Por un hombre, ¿no es cierto? - Sin disputa.
¿Y no sientes lo mismo de lo bueno?
¿No es lo bueno existente por sí mismo?
Y hace bueno a cualquiera que lo aprende.
Como flautista se hace
quien a tocar la flauta se dedica,
bailarín quien al baile,
tejedor el que teje,
otras cosas como éstas:
Pero el hombre no es arte, sino artista.

10. Platón en su sentir sobre las ideas dice: «Que habiendo memoria, las ideas permanecen en los que las tienen, puesto que la memoria lo es de cosa quieta y permanente; y que nada permanece sino las ideas. Porque, ¿cómo -dice Platón- habían los ani-

males de atender a su conservación, si no hubiesen recibido la idea y el instinto natural? Hace mención de la Semejanza y del alimento acostumbrado, demostrando que todos los animales tienen una idea innata de la Semejanza, por la cual sienten las cosas que son de una misma especie». ¿Y qué dice acerca de esto Epicarmo?

> Oh Eumeo, no imagines
> que la sapiencia exista en uno solo:
> Antes todo viviente.
> tiene conocimiento n advertencia.
> La gallina no pare, si lo notas,
> sus polluelos con vida;
> sino que fomentando con su cuerpo
> los huevos, los anima.
> Este saber es sólo conocido
> de la Naturaleza que la instruye.

Y después:

> No hay que admirarse que esto yo así diga;
> ni de que los polluelos ya nacidos
> a sus madres agraden,
> y hermosos les parezcan;

pues también hermosísimo parece
a un perro un otro perro; un buey a otro;
el asno al otro asno; el cerdo al cerdo.

Estas cosas y otras semejantes escribe Alcimo
en sus cuatro libros, indicando lo que Platón se
aprovechó de Epicarmo. Y que el mismo Epicarmo
no ignoraba su saber, puede notarse de que dice,
como vaticinando que tendría quien le imitaría:

Pues como yo imagino,
o, por mejor decir, lo estoy viendo,
tiempos vendrán en que estas mis palabras
anden en la memoria de los hombres:
Habrá quien de estos versos haga prosa
y engalanando el todo variamente
con púrpura y ornato,
se hará invencible superando a todos.

11. También parece fue Platón quien llevó a
Atenas los libros de Sofrón, poeta cómico, hasta
entonces poco estimados; que sacó de ellos su Mo-

ral, y los hallaron bajo de su cabeza[183]. Navegó tres veces a Sicilia: la primera a fin de ver la isla y observar el Etna, en cuya ocasión, siendo tirano de la misma Dionisio, hijo de Hermócrates, lo coartó a que comunicase consigo. Habiendo, pues, entonces Platón hablado sobre la tiranía, y díchole que ano era lo mejor aquello que era conveniente a él solo, si no se conformaba con la virtud»; enojado Dionisio, le dijo: «Tus razones saben a chochez». y las tuyas a tiranía, respondió Platón. Indignado de esto el tirano, quiso quitarle la vida. No lo ejecutó, habiendo intercedido, por él Dion y Aristómenes; pero lo entregó a Polido Lacedemonio (que entonces era allí embajador) para que lo vendiese; el cual se lo llevó y lo vendió en Egina. Acusólo a la sazón como reo de muerte Carmandro, hijo de Carmandrides, al tenor de la ley que habían puesto de que muriese sin esperar sentencia de juez el primer ateniense que entrase en la isla; la cual ley les había puesto él mismo[184], como dice Favorino en su *Varia historia*. Pero como uno dijese por chanza que el que había aportado era filósofo, le dieron libertad.

---

[183] Entiéndese cuando murió, como dicen Valerio Máximo, Quintiliano, Hesiquio y otros, bien que Suidas afirma que solía tenerlos debajo de la cabeza cuando dormía.

12. Otros dicen que fue llevado al tribunal; y como lo viesen que nada decía en su defensa y que estaba pronto a recibir cualquiera suerte que le tocase, no lo juzgaron digno de muerte, y determinaron venderlo por esclavo. Redimiólo Anníceris[185] Cireneo, que se halló allí casualmente, por el precio de veinte minas, o según algunos, de treinta; y lo envío a Atenas a sus amigos. Remitiéronle éstos luego el coste del rescate; pero Anníceris no lo recibió, diciéndoles que no eran ellos solos los que tenían cuidado de Plantón. Otros afirman que Dion fue quien envío el dinero, y que no lo quiso recibir, sino que compró para él un huertecillo en la Academia. Dícese, además, que Polido fue vencido por Chabrias, y después sumergido y. perseguido del Genio en venganza del filósofo, como lo dice Favorino en. el libro I de sus Comentarios. Ni aun Dionisio pudo quietarse habiéndolo sabido; y escribió a Platón diciéndole no hablase mal de él; a lo que respondió que «no tenía tanto ocio que se acordase de Dionisio».

13. La segunda vez que pasó a Sicilia fue para pedir a Dionisio el Joven tierra y hombres qué vi-

---

[184] Como si dijéramos: lo paragramátiza.
[185] Véase la nota 132.

viesen según la república que él había ordenado; si bien éste, aunque se lo prometió, no llegó a cumplirlo. Al algunos dicen que corrió gran riesgo por la sospecha de haber inducido a Dion y a Teotas a que libertasen la isla; pero Arquitas Pitagórico lo defendió por una carta que escribió a Dionisio, y lo salvó enviándolo a Atenas. La carta es ésta:

«ARQUITAS A DIONISIO: SALUD

»Todos los amigos de Platón enviamos a Lamisco y a Fotidas, a fin de que les entregues, como se ha estipulado, aquel varón. Bien lo ejecutarás si te acordares de la diligencia con que nos pediste a todos la ida de Platón a ti; que lo exhortásemos al viaje, prometiéndole que tú lo recibirías dignamente, y le permitirías quedarse o volverse libremente. Acuérdate también de lo mucho que apreciaste este su viaje, y de que lo amaste desde entonces cual a ninguno de los otros que están contigo. Y si se ha movido entre vosotros alguna rencilla, conviene obres con humanidad, y nos lo envíes sin daño alguno. Haciendo esto, obrarás con justicia y nos harás cosa grata».

14. Pasó tercera vez a Sicilia a fin de reconciliar a Dion con Demetrio; mas no consiguiéndolo, se los dejó, y se volvió a la patria. Nunca quiso entrar en el gobierno de la república, por más inteligente que era en gobernar, como consta de sus escritos. La causa que tuvo fue que el pueblo estaba imbuido de costumbres muy diversas. Dice Pánfila en el libro XXV de sus Comentarios, que habiendo los arcades y tebanos edificado a Megalópolis, lo llamaron para que les viniese a poner leyes; pero como supiese que no querían igualdad, no quiso pasar a ella. Dicen que siguió a Chabrias cuando este general huyó de Atenas, habiendo sido condenado a muerte; lo cual no se atrevió a hacer ningún otro ciudadano. Cuando con Chabrias subía al alcanzar, ocurriéndole el sicofanta Cleóbulo, le dijo: «Tú vienes aquí en auxilio de otro. ¿Sabes que todavía queda para ti de la cicuta de Sócrates? A que respondió: «Cuando por la patria seguí la milicia me expuse a los peligros: ahora sufriré cuanto convenga por un amigo».

15. Fue Platón el primero que introdujo el escribir en diálogos, como dice Favorino en el libro VIII de su Varia historia, y el primero que enseñó a Leodamante Tasio a responder a las cuestiones por análisis, o sea disolución. También es el primero que

en la filosofía hace mención de antípodas, primer principio, dialéctica, poemas; de la longitud del número, de la superficie plana entre las extremidades, y de La Providencia de Dios. Fue asimismo el primer filósofo que contradijo la oración de Lisias, hijo de Céfalo, exponiéndola palabra por palabra en su Fedro. Y finalmente, el primero que examinó la fuerza de las voces gramaticales. Suele preguntarse por qué no hizo mención de Demócrito, habiendo contradicho a casi todos los que le precedieron. Cuenta Neantes Ciziceno que habiendo Platón concurrido a los juegos olímpicos, todos los griegos se volvieron hacia él; y que luego tuvo plática con Dion, que trataba hacer guerra a Dionisio.

16. En el libro I de los Comentarios de Favorino se dice que Mitrídates Persa puso en la Academia la estatua de Platón con la inscripción siguiente: «Mitrídates Persa, hijo de Redobato, dedicó a las musas esta imagen de Platón que hizo Silanión». Dice Heráclides que Platón, aun siendo joven, fue tan vergonzoso y modesto, que nunca rió sino moderadamente. Esto no obstante, fue motejado de los poetas cómicos, pues Teopompo en su Heduchare dice así:

Uno no llega a uno, .
según Platón afirma;
y aun dos a formar uno apenas llegan,

También Anaxandrides dice en su Teseo:

Cuando aceitunas, cual Platón, tragaba.

No menos Timón lo zahiere en paronomasias o
trovas:

Portentos fabulosos,
como Platón urdía diestramente.

Alexis, en su Meropida:

Tú vienes oportuna;
mas yo arriba y abajo voy violenta,
sin hallar, cual Platón, cosa ninguna
que pueda llamar sabia,
ansándose mis piernas vanamente.

Asimismo en su Ancilión dice:

Tú nos hablas de cosas ignoradas,

como Platón, corriendo.
Conocerás el nitro y las cebollas.

Anfis, en su Anfirates:

-El bien, señor, que conseguir esporas
por ésta, me es tan poco conocido
como el bien de Platón.- Pues de él te guarda.

Y en su Dexidemida:

Oh Platón, nada sabes
más que andar con el rostro
cubierto de tristeza, y levantando
esa ceñuda frente,
tan arada de arrugas como concha.

Cratino, en su Falso supuesto:

Eres hombre por cierto, y tienes alma.
Y aunque apenas lo entiendo
según Platón lo dice, así lo juzgo.

Alexis, en su Olimpiodoro:

Feneció, y quedó seco
lo que en mi cuerpo fue mortal, caduco;
mas lo que fue inmortal voló a los aires.
¿No es esto la platónica doctrina?

Y en su Parásito:
O, cual Platón, parlar conmigo mismo

17. Búrlase no menos de él. Anaxilias en las piezas intituladas El Botrilión, La Circo y Las Ricas. Aristipo, en el libro IV de las Delicias antiguas, dice que amó mucho a un joven llamado Estrella que estudiaba con él la astronomía, y a Dion, del cual hicimos ya memoria. Algunos dicen que amó también a Fedro. Indicio de ello son los epigramas que escribió en alabanza de los mismos.

Cielo quisiera ser, Estrella mío,
cuando los astros mirás,
y por poderte mirar con muchos ojos.

Y el otro:

Antes entre los vivos alumbrabas,
oh Estrella, cómo estrella matutina.

pero ahora, ya muerto, resplandeces
lucero de la tarde entre los muertos.

A Dion hizo éste:

Los hados enemigos
verter hicieron lágrimas perennes
a Hécuba y a las vírgenes troyanas;
mas a ti, celebradas mil victorias,
ilustre Dion, los dioses inmortales
eternas alabanzas te prometen.
Te celebra tu patria;
y tus conciudadanos
atatestiguan tus glorias con honores.
¿Qué amor es éste, pues, Dion amigo,
con que mi mente perturbada tienes?

Dícese que este epigrama se escribió sobre su
sepulcro en Siracusa. Todavía dicen que amó a Alexis y a Fedro, como ya dijimos, a los cuales hizo
estos versos:

Porque no hay cosa alguna que merezca,
fuera del bello Alexis, ser mirada:
¿Por qué, ¡oh alma mía!,

a los perros el hueso manifiestas,
y lo escondes al punto?
¿No es cierto ya que a Fedro hemos perdido?

Usó también de la meretriz Arqueanasa, a la cual compuso los versos siguientes:

Poseo a Arqueanasa Colofonia,
sobre cuya rugosa y senil frente
acerbo amor se esconde.
¡Míseros de vosotros que gozasteis
su juventud primera!
¡Oh cuán activo ardor sufrir debisteis!

Estos hizo también a Agatón:

Cuando a Agatón besaba
entre mis labios mi alma se miraba;
y allí desfallecida,
del cuerpo se mostraba despedida.

Y aquellos otros:

Te arrojo una manzana: si me quieres,
recíbela, Agatón, y comunica

conmigo tu gallarda gentileza
Si esto no puede ser, tú, sin embargo,
recibe la manzana, y considera
cuán brevemente pierde su hermosura.

Yo con esta manzana
te hiero, mi Jantipa; a mí me hiere
cualquiera que te quiera. Corresponde
a mi querer, Jantipa; pues entrambos
nos vamos consumiendo poco a poco

Dicen que también es suyo el epitafio siguiente
a los eretrienses, cogidos por asechanzas:

Nosotros eretrienses,
de Eubea originarios, junto a Susa
hemos sido enterrados; ¡ah, cuán lejos,
cuán distantes yacemos de la patria!

Suyo es también el epigrama siguiente:

Venus dice a las musas:
Honrad,. niñas, a Venus, o Cupido
armado volará contra vosotras.
Mas ellas le responden:

A Marte puede ir con esas chanzas,
Venus, pues a nosotras
ese rapaz alado nunca llega.

Y aun éste:

Habiendo un hombre hallado
una gran suma de oro,
el dogal arrojó con que intentaba
acortarse la vida.
Otro que perdió el oro, no lo hallando,
halló el dogal, y se lo puso al cuello.

Molón, amigo de Platón, dice que «no era de maravillar que Dionisio estuviese en Corinto, sino. Platón en Sicilia». Parece que Jenofonte no le fue muy benévolo, pues ambos escribieron de asuntos semejantes, como émulo uno de otro, verbigracia, El *Convite, La Defensa de Sócrates, Los Comentarios morales.* Además Platón escribió de la República, y Jenofonte la Institución de Ciro, que Platón en sus libros De las leyes acusa de fingida, no habiendo sido Ciro como en ella se pinta. Asimismo, aunque los dos hacen memoria de Sócrates, pero no se citan mutuamente, a excepción de una vez que Jenofonte nombra a Platón en el libro III de sus Comentarios. Dícese que deseando Antístenes leer a Platón uno de sus escritos, le instó a que lo permitiese; y como Platón le preguntase qué asunto quería leer, y respondiese: «De que no se debe contradecir», dijo Platón: «¿Y de ese argumento de á qué modo sientes?» Entonces Antístenes no sólo respondió que sentía contra él, sino que escribió después contra Platón un diálogo intitulado Satón. Desde entonces fueron entre sí contrarios. Dicen que habiendo Sócrates oído leer el Lisis de Platón, dijo: «¡Oh, qué, de falsedades escribe de mí este joven!» Ello es cierto que Platón escribió a Sócrates muchas cosas que éste nunca dijo.

19 También fue Platón enemigo de Aristipo, pues en el libro Del alma lo acrimina diciéndole que no, asistió a la muerte de Sócrates, hallándose en Egina, ciudad cerca de Atenas. Tuvo igualmente cierta emulación con Esquines, pues dicen que teniéndolo Dionisio en buen concepto, y habiéndose ido a él por hallarse necesitado, Platón lo menospreció y Aristipolo alabó. Idomeneo dice que el discurso que pronunció Gritón a Sócrates en la cárcel, acerca de persuadirle la fuga, fue de Esquines, pero que Platón, por el; odio que le tenía, lo atribuyó a

Gritón. Ni Platón hace memoria de Esquines en ninguno de sus escritos, excepto en el libro Del alma y en la Apología. Aristóteles dice que el estilo de Platón es un medio entre el poético y el prosaico. Y Favorino afirma en sus escritos que sólo Aristóteles estuvo escuchando a Plantón cuando leía su libro Del alma; los demás se fueron. todos. Dicen algunos que Felipe Opuncio copió las leyes de Platón, que estaban grabadas en cera. Atribúyenle también el Epinomis. Euforión y Panecio dijeron que el principio de sus libros De la República se halló mudado de muchas maneras. Y aun dice Aristójenes que esta República se halla casi toda escrita en las Contradicciones de Protágoras. Dicen que el primer libro que escribió es el Fedro. Y Dicearco nota de enfadoso todo su modo de escribir.

20. Se dice que habiendo Platón reprendido a uno que vio jugando a los dados, y respondídole éste que lo reprendía de poco, replicó: No es cosa poca una costumbre. Preguntado de si quedaría de él algún dicho memorable como los de otros antiguos, respondió: «Primero conviene ganar nombre; después muchos habrá». Habiendo entrado una vez en su casa Jenócrates, le dijo: «Azota tú este esclavo, pues yo no puedo porque estoy coléricos». Y a otro

esclavo les dijo: «Ya hubieras llevado azotes a no estar yo airado». Habiendo una vez subido a caballo, se apeó al punto, diciendo que «temía lo notasen de aquel fasto y vanagloria caballar». Aconsejaba a los embriagados ase mirasen al espejo, y así se abstendrían de vicio tan feo». Decía que «nunca era decente beber hasta la embriaguez, excepto en las festividades del dios del vino». Desagradábale el dormir demasiado, pues en sus Leyes dice: «El hombre dormido es de ningún útil». Decía que ala verdad es la cosa más suave de cuantas oírnos». Algunos son de opinión que lo dijo así: «El decir verdad, etc.». Y en sus Leyes, dice de la verdad: «La verdad, oh amigo, es cosa bella y durable, pero no es fácil persuadirlo». Creíase digno de que de él quedase memoria en los amigos o en los libros. Algunos dicen solía mudar mucho de lugar.

21. Murió en el modo que dijimos, el año XIII del reinado de Filipo, como lo afirma también Favorino en el libro III de sus Comentarios. Y Teopompo dice; que Filipo lo reprendió algunas veces[186]. Mironia no escribe en sus Símiles que Filón nombra el proverbio Los piojos de Platón como si hubiese muerto, de esta enfermedad. Fue enterrado

en la Academia, donde había filosofado por mucho tiempo, de lo cual provino el que su secta se llame académica. Celebraron su pompa fúnebre todos los que habitaban allí, habiendo testado en esta forma:

ÉSTAS SON LAS COSAS QUE DEJÓ Y LEGÓ PLATÓN

«La hacienda Hefestiadea, lindante por el Aquilón con el camino que viene del templo de Cefisia, por el Austro con el Heracleo de los hefestiades, por el Oriente con tierras de Arquestrato Freario, y por el Ocaso con las de Filipo Colideo. Y a nadie sea lícito venderla ni enajenarla, sino que será de Adimantomi hijo en cuanto sea posible Igualmente le dejo la heredad de los Eroiades, que compré de Calímaco, lindante por el Aquilón con tierras de Eurimedón Mirrinusio, por el Austro con las de Demostrato Jipeterón, por el Oriente con las del mismo Eurimedón Mirrinusio, y por el Ocaso con el Cefiso. Tres minas de plata. Una copa de plata que pesa 165 dracmas. Una taza que pesa 65. Un anillo de oro y una tarracada también de oro, que ambos pesan cuatro dracmas y tres óbolos. El can-

---

[186] El texto está dudoso sobre quién reprendió a quién.

tero Euclides me debe tres minas. Manumito a Diano; y quedan en servidumbre Ticón, Bicta, Apolionades y Dionisio. Déjole asimismo los muebles puestos en inventario, cuya copia tiene Demetrio. A nadie debo nada. Mis ejecutores testamentarios serán Sostenes, Espeusipo, Demetrio, Egías, Eurimedón, Calímaco y Trasipo».

22. Pusiéronle en epitafio los siguiente epigramas:

PRIMERO

El divino Aristodes aquí yace,
que en prudencia y justicia
supo exceder a los mortales todos.
Si la sabiduría eleva a alguno
a loores excelsos, consiguiólo
éste, sin que la envidia lo siguiese.

OTRO

La tierra aquí en su seno
el cuerpo de Platón oculto guarda
y el alma los alcázares celestes.
Aun desde las regiones más distantes

todo varón honesto
venera la memoria
del hijo de Aristón, deificado.

Y OTRO MÁS MODERNO

Águila que volaste
ligera por encima del sepulcro
¿qué estrellada mansión estás mirando?
Soy de Platón el alma, que al Olimpo,
hoy dirijo mi vuelo.
y el térreo cuerpo en Ática se queda.

El mío es el siguiente:

Si no hubieras criado, ah padre Febo
a Platón en la Grecia
¿quién hubiera ganado con lis letras
los males y dolencias de los hombres?
Pues como fue Esculapio
médico de los cuerpos,
curó Platón las almas inmortales.

Y otro sobre su muerte:

A Esculapio y Platón produjo Febo
para que de los hombres
aquél el cuerpo cure, y éste, el alma.
Queriendo celebrar nupcial convite,
a la ciudad parió que fundó él mismo
y que Júpiter puso en firme suelo.

23. Sus discípulos fueron Espeusioo Ateniense, Jenócrates Calcedonio, Aristóteles Estagirita, Felipe Opuncio, Hestieo Perintio, Dion Siracusano Amicio, Heracleota, Erasto y Corisco Escepéios, Timolao Ciziceno, Eveón Lampsaceno, Pitón y Heráclides Enienses, Hipotales y Calipo Atenienses, Demetrio Anfipolites, Heráclides Póntico, y otros muchos; además, dos mujeres: Lastenia Mantineense y Axiota Fliasia, la cual iba vestida de hombre, como escribe Dicearco. Algunos dicen que Teofrasto fue también discípulo suyos Camaleón añade al orador Hipérides y a Licurgo. Asimismo Polemón hace discípulo suyo a Demóstenes, lo cual también lo dice Sabino en el libro IV. De la materia de las declamaciones, por testimonio de Mnesistrato Tasio, y es cosa probable.

24. Y siendo tú con tanta razón amante de Platón, y que inquieres con suma diligencia los dogmas de este filósofo, he tenido por inexcusable escribir sobre la naturaleza de su estilo, del orden de sus diálogos y la serie de su doctrina, en cuanto mis fuerzas alcancen, tocándolo todo sólo elemental y sumariamente, de forma que no se carezca de una suficiente noticia de sus dogmas y de su vida que escribo: pues querer explicarte todas las cosas por menor, sería llevar lechuzas a Atenas, como dicen.

25. Dícese, pues, que el primero que escribió diálogos fue Zenón Eleate. Y Aristóteles, en el libro de los poetas, dice lo fue Alexameno Estiren o Teyo, lo que también afirma Favorino en sus Comentarios. Pero, en mi sentir, pulió Platón su forma y estilo de manera que no se le pueda negar con justicia la gloria de la invención. El diálogo es un «discurso compuesto de preguntas y respuestas sobre cosas filosóficas y políticas, con decencia de costumbres en las apersonas introducidas en él y ornato en las palabras». La dialéctica es «arte de disputar, por la cual refutamos o defendemos alguna cosa por medio de preguntas y respuestas entre los que disputan». El carácter del estilo de Platón en sus diálogos es de dos maneras, y en ambas exce-

lente: uno, interpretativo expositivo; y el otro, inquisitivo. El interpretativo se divide en otros dos caracteres: uno especulativo y práctico. Y aun el especulativo se divide también en dos, que son: físico y lógico, y el práctico en moral y político. El inquisitivo también se divide en dos principales caracteres: uno gimnástico, otro agonístico El gimnástico es institutivo y de proyectos y el agonístico es acusativo destructivo.

26. Sé que algunos distinguen de otra manera los diálogos de Platón: llámanlos a unos dramáticos, a otros narrativos y a otros mixtos; pero éstos dan una distinción de ellos más propia de la escena trágica que de la escuela filosófica. De estos diálogos, pues, unos si, versan sobre la física, como el Timeo; otros sobre la lógica, v. gr., el Político, el Cratilo, el Parménides y el Sofista; otros sobre la moral, como la Apología, el Critón, el Fedón, el Fedro, el Convite, el Menexeno, el Clitofón, las Epístolas, el Filebo, el Hiparco y el Anterastes; otros sobre la política, como son la República, las Leyes, el Minos, el Epinomis y el Atlántico. Otros versan sobre la institución, v. gr., los Alcibíades, el Teages, el Lisis y el Laques. A los de proyectos pertenecen el Eutifrón, Menón el Ion, el Carmides Y el Teeteto. Acu-

sativo es el Protágoras, y el Eutidemo, los dos Hipias y el Gorgias son destructivos. Baste esto acerca de la naturaleza y diferencias del diálogo. Pero por cuanto anda muy controvertido si hay o no dogmas en los de Platón, diré también de ello alguna cosa.

27. Al dogmatista, pues, toca establecer dogmas, como al legislador poner leyes. El dogma es en dos maneras: aquello de que opinamos, y la opinión misma. La primera de ellas es la proposición, la segunda el parecer o existimación. Platón, pues, expone lo que más, aprende o percibe, refuta lo falso, y en lo dudoso suspende el juicio.

28 Lo que Platón percibe lo expone por medio de cuatro interlocutores, que son: Sócrates, Timeo, un huésped ateniense y otro eleate. Por estos dos huéspedes no se entienden Platón y Parménides, como creen algunos, sino que son personas supuestas y anónimas. Cuando Platón hace hablar a Sócrates y Timeo, entonces establece dogmas; y cuando refuta opiniones falsas, trae a Trasímaco, a Calicles, a Polo a Gorgias, Protágoras, Hipías, a Eutidemo y a otro semejantes. En la conclusión de sus argumentos usa mucho de la inducción, no la simple, sino la doble. Inducción es «un discurso que de unas cosas cierta va coligiendo e infiriendo otras a sí

semejantes». Dos son las especies de inducción: una la que llaman a contrario, y otra la de consiguiente o consecuencia. La primera es, cuando de la respuesta que da el preguntando se infiere lo contrario a ella, v. gr.: «Mi padre ,o es otro que el tuyo, o es el mismo: si es otro tu padre que el mío, siendo otra cosa que padre, no será padre: si es el mismo que mi padre siendo la misma cosa que mi padre, mi padre será sin duda». También: «Sí el hombre no es animal, será piedra o leño; no es piedra o leño, puesto que está animado y se mueve por sí mismo: luego es animal. Si es animal, y lo son también el perro y el buey, el hombre será animal, perro y buey». De esta indución a contrario usa en sus controversias, no para establecer dogmas, sino para refutar o redargüir.

29. La inducción de consecuencia es en dos maneras: una expone parcialmente lo que parcialmente se pregunta; la otra establece lo universal por medio de lo parcial o particular. La primera es de los retóricos, la segunda de los dialécticos. En la primera se inquiere: Si éste, v. gr., ha hecho el homicidio, la razón es haberlo hallado ensangrentado al tiempo en que se perpetró. Esta especie de inducción es la propia de los retóricos, pues la Retórica

versa sobre particulares, no sobre universales. Inquiere, v. gr., no de lo justo en general, sino de esta o la otra cosa la justa en particular. La otra especie es de los dialécticos, y prueba lo universal por cosas particulares, v. gr., cuando se pregunta Si el alma es inmortal, o si de los muertos, hay algunos que vivan; lo cual se prueba en el libro Del alma, por un universal, supuesto que las cosas contrarias nacen de las cosas contrarias. Este mismo universal se compone de diferentes particulares, v. gr. el sueño de la vigilia, y al contrario, lo mayor de lo menor, y al contrario. De esta especie de inducción usaba para probar lo que le parecía verdadero.

30. Como antiguamente en la tragedia había solamente el coro, después Tespis introdujo un actor, a fin de que el coro descansase: luego Esquilo la diodos actores, Sófocles tres, y de esta forma se fue perfeccionando la tragedia; así también la Filosofía versaba solamente sobre una parte, que es la física; y después Sócrates añadió la moral, y últimamente, Platón inventó la dialéctica y acabó por perfeccionar la Filosofía.

31. Trasilo dice que Platón compuso sus diálogos a imitación del cuadriloquio[187] trágico. Los poetas trágicos tenían sus certámenes dionisíacos leneos panateos y quitiros. El cuarto de estos dramas debí ser satírico, y los cuatro se llamaban cuadriloquio. Los diálogos, pues, dice Trasilo, que son ciertamente de Platón ascienden a cincuenta y seis. La República se divide en diez libros (la cual, dice Favorino en el libro II de su Historia varia, se halla toda extractada en las Contradicciones de Protágoras); sus Leyes, en doce libros. Tiene nueve cuadriloquios. La República forma un volumen, y otro las Leyes. Pone por prime: cuadriloquio los diálogos de argumento general o común a todos los otros, queriendo enseñar en él cuál debe ser la vida del filósofo. A cada libro pone do epígrafes: uno contiene el nombre del diálogo, el otro indica su materia. Este primer cuadriloquio lleva por título Eutifrón o De la santidad. Este diálogo es de los que arriba dijimos, de proyectos o de tentativa. El segundo es la Apología de Sócrates, diálogo moral. El tercero se intitula Critón, y trata de lo que debemos. obrar; también es moral. Y el cuarto, Fedón o Del alma, moral.

---

[187] RerpaAoyla.

32. El segundo cuadriloquio empieza por el Cratilo, o de la recto razón de los nombres: es diálogo lógico. Luego el Teeteto, o De la ciencia: diálogo de tentativa. El sofista, o Del ente: diálogo lógico. Y El político, o Del reinar: lógico. En el tercer cuadriloquio se contienen el Parménides, o De las ideas: es diálogo lógico. Filebo, o Del deleite: moral. El convite, o De lo bueno: moral. El Fedro, o Del amor: también moral El cuarto cuadriloquio incluye el Alcibíades, o De la naturaleza del hombre: diálogo institutivo. El segundo; Alcibíades, o Del ruego: también institutivo. El Hiparco, o Del amor del lucro: moral. Y el Ameraste, o De la Filosofía: diálogo moral. El quinto comprende al Teages, o De la Filosofía: diálogo institutivo. Al Carmides, o De la templanza: tentativo. Al Laques, o De valor: institutivo. Y al Lisis, o De la amistad: también institutivo. En el sexto se contienen el Eutidemo, c EL contencioso: diálogo destructivo. El Protágoras, o Los sofistas: diálogo acusativo. El Gorgias, o De la Retórica: destructivo. Y el Menón, o De la virtud: diálogo de tentativa. El séptimo comprende los dos Hipias, el primero de los cuales trata De lo honesto, y el segundo De la mentira: son diálogos destructivos. El Ion, o De Ilíada: tentativo, y el Menexeno, o

el Epitafio: diálogo moral. El octavo comienza por Clitofón, o Exhortatorio: diálogo moral. Sigue la República, o De la justicia: diálogo civil. El Timeo, o De la naturaleza: diálogo físico. Y el Cricias, o El Atlántico: moral. Finalmente, el nono cuadriloquio contiene el Minos, o De la ley: diálogo político. Las leyes, o Del modo de hacerlas: también político. El Epinomis, o La asamblea nocturna, o sea El Filósofo: diálogo también político. Y trece Cartas, todas morales (sobre ellas pone por salutación, Εν πραγειν, bene agere: obrar bien. Epicuro ponía, Εν διαγειν, bene degere: vivir bien. Y Cleón Ξαιρειν, gaudare, estar alegre.) Una a Aristodemo; dos a Arquitas: cuatro a Dionisio: una a Hermias, Erasto y Corisco: una a Leodamante: una a Dion: una a Perdicas, y dos a los amigos y familiares de Platón.

33. Así distribuye Trasilo, con algunos otros, los libros de Platón. Pero otros, de cuyo número es el gramático Aristófanes, dividen los diálogos en triloquios. El primero contiene la República, el Timeo y el Cricias. El segundo contiene el Sofista, el Político y el Cratilo. El tercero. las Leyes, el Minos y el Epinomis. El cuarto, el Teeteto, el Eutifrón y la Apología. El quinto, el Critón, el Fedón y las Cartas. Los

demás van separados y sin orden especial. Algunos empiezan, como ya se dijo, por la República; otros, por Al.cibíades mayor; otros, por Teages; otros, por Eutifrón; otros, por Clitofón; otros, por Timeo; otros, por Fedro; otros, por Teeteto, y otros, finalmente, empiezan por la Apología.

34. Se tienen por espurios los diálogos siguientes: el Midón o Hipostrofo, el Eurixias o Erasistrato, el Alción, el Acéfalo o Sisifo, el Axioco, el Feaces, el Demodoco, el Quelidón, el Séptima[188], y el Epiménides, de los cuales el Alción parece es de un tal León, según afirma Favorino en el libro V de sus Comentatarios. Usa mucha variedad de voces en sus obras, a fin de que no sean entendidas de los ignorantes: no obstante, es de sentir que la sabiduría consiste propiamente en el conocimiento de cosas intelectuales, como el de Dios, y el del alma separada del cuerpo. Da en particular a la Filosofía el nombre de Sabiduría, como que es un deseo o amor de la Sabiduría divina; pero en común da también nombre de sabiduría a toda pericia o inteligencia, v. gr., cuando llama sabio a un artista célebre.

35. Usa también de unas mismas voces para significar cosas diferentes, como, por ejemplo, usa

de la voz φανλοζ (phaulos) para significar lo que απλονζ (haplous), igualmente que Eurípides la usa en la misma significación, hablando así de Hércules en su Liciymnio:

> Sencillo sin adorno, en todo bueno,
> y que toda la ciencia circunscribe
> en la obra, no versado en elegancias[189]

También usa Platón algunas veces de la misma palabra, en vez de Τσν καλον[190] (tou calou), y aun por του μικρου (tou microu), pequeño. Y, por el contrario, usa muchas veces diversas voces para un mismo significado, pues para significar la Idea usa de las palabras especie, género, paradigma, principio y causa. No menos usa de voces opuestas en un mismo significado, llamando sensible a lo existente y a lo no existente: a lo existente, por su generación; a lo no existente, por innata mutación. Llama idea a lo que ni se mueve ni está quieto, y una misma cosa

---

[188] EBdópum
[189] Lo mismo puede significar ignorante, malo, perverso, etc. Véase la nota 98.
[190] Honesto, bello.

a la unidad y a la pluralidad. Todo lo cual lo acostumbra hacer con mucha frecuencia.

36. De tres maneras se deben exponer sus escritos. Primeramente, conviene explicar qué cosa sea cada una de las que aquí se dicen. Luego por qué se dice cada una de ellas: si como principal asunto, o como parte de algún símil; para establecer dogmas, o para convencer a su adversario. Y en tercer lugar, si las tales cosas están rectamente dichas.

37. Y por cuanto en sus libros se ponen ciertas señales o signos, diremos también de ello alguna cosa. La X se aplica a las palabras y a las figuras, según costumbre de Platón[191]. El Diple (doble) □ a los dogmas y opiniones propias de Platón. La X con un punto a cada parte, se pone a las sentencias más selectas y hermosas. El diple con dos puntos se pone donde se enmiendan algunas cosas. El obelo con dos puntos, en las cosas vanas e ineptas. La antisigma con las dos puntos, cuando pueden dos cláusulas servir igualmente en un pasaje mismo, o para alguna traslación. El ceraunio se pone en las cosas pertenecientes a la instrucción filosófica. El asteris-

---

[191] Su forma era esta -, San Isidoro lo figura así: y al obelo con dos puntos lo llama liminiscus.

co[192] cuando hay uniformidad de dogmas. Y el.
Simple obelo, se pone cuando se reprueba algo.
Éstos son los libros de Platón y las notas que les
ponen. De ellos dice Antígono Caristio, en su libro
De Zenón, que recién publicados, si alguno quería
leerlos, pagaba al que los poseía.

38. Sus opiniones son éstas: Decía que «el alma
es inmortal; que pasa de unos cuerpos a otros, y que
tuvo principio numérico, pero que el cuerpo lo tuvo
geométrico». Definía el alma diciendo que es ala
idea de un espíritu esparcido por todas partes; que
se mueve por sí misma, y que está dividida en tres
partes; que la parte racional reside en la cabeza; la
irascible en el corazón, y la concupiscible en el om-
bligo e hígado; que el alma, estando en el medio del
cuerpo, retiene todas las partes de éste en rededor;
que se compone de los elementos, y que, estando
dividida al tenor de los intervalos armónicos, forma
dos círculos unidos. Dividido en otros seis el círculo
interior de estos dos, componen todos los siete círculos[193]. Que dicho círculo yace retirado hacia la
izquierda del diámetro, y el otro al lado, hacia la de-

---

[192] Que era una estrella.
[193] Parece que quiere significar los siete orbes celestes de los
siete planetas.

recha, por cuya razón es único. El primero está dividido en lo interno. Que éste es propio de la naturaleza de Sí mismo o del Mismo, y los demás del Otro. Que el primero es el movimiento del alma, y el segundo el del universo y planetas.

39. «Estando, pues, hecha desde el medio la división de manera que se extiende y une a los extremos, conoce y comprende el alma las cosas existentes, puesto que tiene en sí misma los principios armónicamente. Que la opinión se hace por el círculo llamado Otro, y la ciencia por el llamado Mismo. Que los principios de todas las cosas son dos, a saber: Dios y la Materia, llamando a Dios Mente y Causa. Que la Materia es informe e infinita; pero de ella se forman y componen las cosas». Dice que «habiéndose movido sin orden en algún tiempo esta Materia, la fijó Dios y la unió en un lugar, teniendo por mejor el orden que el desorden. Que esta sustancia o materia se convirtió en los cuatro elementos o principios, fuego, agua, aire y tierra, de los cuales fue engendrado el mundo y cuanto hay en él. Solamente la tierra -dice- es inmutable: dando por causa la variedad de figuras en las partes de que constan los elementos que la componen. Las figuras de los principios de las demás cosas -dice- son ho-

mogéneas, a saber: compuestas todas de un triángulo prolongado: pero que la tierra tiene su figura
propia. Las partes de que se compone el fuego son
piramidales: las del aire son octaedrales[194]; las del
agua, de figura icosaedra[195], y las de la tierra, cúbi-
cas[196]: por lo cual ni la tierra se convierte en los demás elementos, ni ellos en tierra. Que cada cosa no
tiene su propio lugar separadamente, sino que la
circunferencia, constriñendo y apretando hacia el
centro, une las partes pequeñas y separa las grandes:
así, que mudando de especie, mudan también de
sitios».

40. «Que el mundo es uno solo, habiéndolo
Dios criado sensible. Que está animado, puesto que
lo animado es más noble que lo inanimado. Que
este edificio del mundo está sujeto a la Suprema
causa. Que fue creado único (y no ilimitado), por
ser también único el original según el cual fue creado. Que es esférico, por serlo también su Criador. Y
que aquél contiene los demás animales: éste las figuras de todos. Que es liso y sin órgano alguno en su

---

[194] De ocho lados o fases.
[195] De veinte fases.
[196] De seis fases

circunferencia, por no serle de ningún uso[197]. Que permanece sin acabarse, porque no se resuelve en Dios. Y que es Dios la Causa de toda generación, por ser cosa natural al bueno el hacer bien. Que la Causa de la generación del cielo es excelentísima: pues lo más bello de las cosas criadas debe ser producción de la más excelente de las cosas intelectuales; y por cuanto Dios es tal, el cielo, a ese Ser excelentísimo semejante y en sí hermosísimo, no es semejante a ninguna criatura, sino sólo a Dios. Que el mundo consta de fuego, agua, aire y tierra. De fuego, para que sea visible; de tierra, para que sea sólido; de agua y aire para que esté proporcionado, puesto que la rigidez de los sólidos se proporciona con los dos elementos medios para formar el universo. Y consta de todos, para que sea perfecto e inmortal. Que el tiempo fue creado a imagen de la eternidad, dura siempre, y es el movimiento del cielo: la noche, el día, el mes y semejantes son partes del tiempo. Así, que el tiempo no puede existir sin la naturaleza del universo, pues luego que hubo mundo hubo también tiempo, habiendo sido criados el sol, la luna y los planetas para formar el tiempo. Que Dios encendió la lumbre solar para que

---

[197] sujeto a nuestros sentidos

fuese patente el número de las horas y lo percibiesen aun los animales. Que la luna tiene su esfera sobre el ,círculo de la tierra: próximo al círculo de la luna está el del sol, y en los siguientes los demás planetas».

41. «Que el universo está animado, por ir conexo con el movimiento, que lo está. Que para que el mundo fuese perfecto y semejante a la Inteligencia animada, fue criada la naturaleza de los otros animales. Y como aquélla tuvo mente, fue conveniente la tuviese también el cielo. Que los dioses son de naturaleza ígnea. Que los demás animales son de tres géneros: volátil, acuátil y pedestre. Que la tierra es más antigua que los dioses que hay en el cielo[198]. Que fue criada para que formase la noche y el día: y como ocupa el medio del universo, gira sobre el medio mismo». Dice que «siendo dos las causas de las cosas, se ha de decir que unas proceden por deliberación de lamente; otras por necesidad de la misma causa. Éstas son el aire, el fuego, la tierra y el agua; los cuales no eran perfectamente elementos, pero eran capaces de serlo. Que se componen de triángulos combinados, y en ellos se resuelven. Que

---

[198] los gentiles hicieron a la tierra no solo dioses, sino madre de todos los dioses.

sus principios son el triángulo prolongado y el isós-
celes. Que el principio y causa de las cosas son las
dos referidas, y cuyo ejemplar son Dios y la materia;
el cual es fuerza sea informe, como las demás cosas
capaces deforma. Que la causa de estas cosas es ne-
cesaria; pues produce las esencias según las ideas
concebidas, se mueve por potencia disímil, y se
mueven contrariamente las cosas por ella movidas.
Que estas cosas al principio se movieron sin orden
ni concierto alguno; pero después que comenzaron
a componer el mundo, por su propia aptitud recibieron de Dios la conmensuración y orden».

42. «Que las causas antes de la creación del cielo
eran dos: luego se agregó la generación, que es la
tercera; pero no eran manifiestas, sino sólo como
huellas y sin orden; bien que después de criado el
mundo, recibieron también ellas el orden debido.
Que el cielo fue criado de todos los cuerpos antes
existentes». Es de sentir que «Dios es como incor-
póreo, como también el alma; por cuya causa son
incapaces de corrupción y pasiones. Pone las ideas,
según dijimos, como ciertas causas y principios, «las
cuales hacen que las cosas existentes por su naturaleza sean tales cuales son realmente».

43. De los bienes y los males decía que «el fin del hombre es la semejanza con Dios. Que la virtud es bastante por sí sola para la felicidad, pero necesita de los bienes del cuerpo, como a instrumentos, verbigracia, la fortaleza, la salud, la agudeza de sentidos y, demás cosas semejantes. También necesita de los bienes externos, como son: las riquezas, la nobleza, la celebridad[199], pero aunque falten estas cosas, será no obstante feliz el sabio. Antes por el contrario, gobernará la república, contraerá matrimonio y no quebrantará las leyes puestas. Las dará también a su patria útiles en cuanto quepa; a no ser que las crea infructuosas por la indocilidad y corrupción del pueblo». Es de sentir que «los dioses atienden a las cosas humanas, y que hay espíritus»; y es el primero que dijo que «la noción de lo honesto va unida a la de lo laudable, de lo racional, de lo útil, de lo ilustre y de lo conveniente. Todas las cuales cosas encierran lo que por su naturaleza es racional y confesado por todos».

44. Disputó de la rectitud de los nombres; y estableció el primero la ciencia de responder y preguntar rectamente, usándola él mismo en sumo grado. En sus Diálogos establece por ley la justicia

---

[199] Habla aquí Learcio como gentil.

divina, a fin de incitar con más vehemencia los hombres a la virtud y al bien obrar, para no padecer los malhechores las debidas penas en la otra vida. Por esto algunos lo tuvieron por mitólogo, ya que entretejía en sus escritos estos apólogos para contener los hombres, siendo incierto que después de la muerte suceden estas cosas[200]. Hasta aquí sus opiniones.

45. Dividía, dice Aristóteles, las cosas en esta forma: de los bienes, unos existen en el alma, otros en el cuerpo y otros fuera de nosotros. Colocaba en el alma la justicia, la prudencia, la fortaleza, la fragilidad y otras semejantes. En el cuerpo, la belleza, la buena constitución de partes, la salud y las fuerzas. Y entre los bienes externos, ponía los amigos, la felicidad de la patria y las riquezas. De lo cual consta que son tres las especies de bienes: unos están en el alma; otros, en el cuerpo; y otros son exteriores. Que también son tres las especies de amistad: una es natural, otra social y otra hospital. Llamamos natural a la que tienen los padres a sus descendientes, y a la que se tienen mutuamente los consanguíneos. Esta se extiende aun hasta los demás animales. Social llamamos a la que se engendra del

---

[200] La que procura el conocimiento de las enfermedades.

vivir juntos y sin conjunción de parentesco, como la de Pílales y Orestes. La amistad hospital es la que tenemos con los huéspedes, proveniente de recomendación o cartas. Es la amistad, pues, natural, social, hospital. Algunos añaden una cuarta especie, que es la amorosa.

46. El gobierno civil es de cinco especies: democrático, aristocrático, oligárquico, monárquico y tiránico. El democrático es el de aquellas ciudades en las cuales impera el pueblo, eligiendo los magistrados y poniendo las leyes. La aristocracia es cuando ni gobiernan los ricos, ni los pobres, ni los ilustres, sino los que, en la república son más buenos. La oligarquía es cuando los magistrados son elegidos por las clases:, o estados, pues los ricos son menos que los pobres. El gobierno monárquico es por las leyes o por sucesiones. El de Cartago es según leyes y civil. El de Lacedemonia y Macedonia es de sucesión, pues suceden en el reino ciertas familias. Y la tiranía es cuando, alguno se hace dueño del gobierno de un pueblo violentamente y por sorpresa. Así que los gobiernos civiles son: la democracia, la aristocracia, la oligarquía, la monarquía y la tiranía.

47. Tres son las especies de justicia: una acerca de los dioses; otra acerca de los hombres, y otra acerca de los difuntos. Los que ofrecen sacrificios según las leyes y cuidan de las cosas sagradas, son, a la verdad, píos para con los dioses. Los que restituyen el mutuo y depósito, son justos para con los hombres. Y los que cuidan de los monumentos, lo son con los difuntos. Luego la justicia es acerca de los dioses, de los hombres y de los difuntos.

48. Tres son también las especies de ciencia: una práctica, otra poética y otra teórica. La edificación de casas y construcción de naves pertenece a la práctica, pues se ve la obra ejecutada, que es su resultado. La política, la pericia en tocar flautas, cítaras, etcétera, corresponde a la poética, pues cesado el acto, nada queda que ver, consistiendo todo en él, sea tocar la flauta, sea pulsar la cítara, sea gobernar la república. Y la geometría, la armónica y la astrología pertenecen a la teórica; ni hacen ni construyen cosas alguna, sino que el geómetra considera las líneas. El armónico los sones y el astrólogo los astros y el cielo. Las ciencias, pues, unas son teóricas, otras prácticas y otras poéticas.

49. Las especies de medicina son cinco: farmacéutica, quirúrgica, dietética, nosognomónica y

boetética[201]. La farmacéutica cura las dolencias con medicamentos. La quirúrgica sana cortando y quemando. La dietética ahuyenta los males por medio de la dieta. La nosognomónica, por el conocimiento de la enfermedad. Y la boetética destierra las dolencias con el auxilio pronto y oportuno. Luego las especies de medicina son: la farmacéutica. la quirúrgica, la dietética, la boetética y la nosognomónica.

50. La ley se divide en dos: una escrita y otra no escrita. Aquella con que se gobiernan las ciudades es la escrita. La no escrita es la de costumbre, verbigracia, no salir desnudo a la plaza; no vestir los hombres de mujer. Estas cosas ninguna ley[202] las prohibe; pero la no escrita manda no se haga esto. Así que la ley es o escrita o no escrita.

51. Las especies de oración[203] son cinco. A la primera especie pertenecen las oraciones que dicen en los congresos los que gobiernan. Esta especie se llama política. A la segunda especie de oraciones pertenecen las que escriben los oradores en las depara alabar, vituperar, acusar. Esta especie se llama

---

[201] Esto es artistica o facultativas.
[202] Auxiliatriz.
[203] Escrita.

retórica. La tercera especie de oraciones es la que usan las personas privadas comunicando entre sí. Esta especie se llama privada. La cuarta es la que usan los que preguntan y responden, disputando brevemente en el asunto. Esta especie se llama dialéctica. Y la quinta especie es la que usan los artistas cuando tratan de cosas de su profesión, y se llama técnica. Así que dichas especies son cinco: política, retórica, privada, dialéctica y técnica.

52: La música se divide en tres especies: una de la boca sola, verbigracia, el canto; y otra, de la boca y manos, como el cantar y pulsar una cítara. Y la tercera, de las manos solas, como la que da la cítara. Luego la música es: sólo de boca, o de boca y manos, o sólo de manos.

53: La nobleza es de cuatro especies: primeramente se llaman nobles los que nacieron de padres virtuosos, buenos y justos. Asimismo los nací; padres poderosos y príncipes. Igualmente, aquellos cuyos padres se adquirieron nombre en la milicia, o consiguieron la corona en los certámenes[204]. Y la

---

[204] Esta tercera especie de nobleza dada a los que eran coronados en certámenes literarios (de que sin duda trata Platón aquí, como demuestra la preposición ánró), parece análoga a la que en nuestros tiempos adquiere por los grados que dan las universidades.

otra especie de nobleza es cuando uno tiene un alma noble, generosa y grande. Éste se llama noble, y su nobleza la mejor. Por tanto, una especie de nobleza viene de los ascendientes buenos, otra de los poderosos, otra de los ilustres, y otra de la bondad y mérito propio.

54. La belleza se divide en tres especies: una es laudable, corno la de un rostro hermoso. Otra útil, como la de un instrumento o causa, las cuales cosas, además de bellas, son útiles. La otra consiste en las leyes y estudios, pues estas cosas son bellas por la comodidad. Así, una belleza es laudable, otra útil y otra cómoda.

55. El alma encierra tres partes: una es racional, otra concupiscible y otra irascible. De ellas la racionales la causa y origen del consejo, del pensar, del consultar y demás semejantes. La parte concupiscible es la causa de apetecer la comida, el coito y semejantes. Y la parte irascible es la causa del ánimo, del deleite, del dolor y de la ira. Luego el alma es o tradicional, o concupiscible, o irascible.

56. Las especies de virtud perfecta son cuatro: prudencia, justicia, fortaleza y templanza. De éstas, la prudencia es la causa de hacer rectamente las cosas; la justicia, de operar justamente en la sociedad y

tratos; la fortaleza, de perseverar y no acobardarnos en los peligros y temores; y la templanza, de refrenar los apetitos desordenados, y de no dejarnos cautivar de pasión alguna, sino que vivamos honestamente. Luego las especies de virtud son: una, prudencia; otra, justicia; la tercera, fortaleza; y la cuarta, templanza.

57. El gobierno se divide en cinco especies: legal, natural, de costumbre, hereditario y violento o tiránico. Los magistrados que en las ciudades son elegidos por los ciudadanos, gobiernan legalmente. Por naturaleza domina la especie masculina, no sólo entre los hombres, sino también entre los otros animales, pues por lo común en todas partes imperan los hombres a las mujeres. El mando de costumbre es el que tienen los pedagogos con los muchachos, y los maestros con sus discípulos. El gobierno hereditario o de sangre es como el de los reyes de Lacedemonia, que obtienen el reino por descendencia, igualmente que el de los macedones, que también es por descendientes. Y cuando algunos imperan por violencia y engaño ciudades que lo rehusan, se dice imperan tiránicamente. Así que el gobierno es, según las leyes, o según la naturaleza, o

según la costumbre, o por descendencia, o, finalmente, por tiranía.

58. Las especies de oratoria son seis: cuando se
exhorta a hacer guerra o dar socorro a alguno: esta
especie se llama exhortación. Cuando no se exhorta
a hacer guerra, ni dar auxilio, sino a estarse quieto,
la oración se llama disuasoria. La tercera especie de
oratoria es cuando uno manifiesta la injusticia que
alguno le ha hecho y la causa de los males padeci-
dos: esta especie se llama acusación. La cuarta especie de oratoria se llama defensa, y es cuando uno
manifiesta no haber procedido injustamente, ni haber cometido insolencia alguna: esta especie, digo,
se llama defensa e apología. La quinta especie de
oratoria es cuando el orador sólo dice bien de uno,
y lo demuestra bueno y honesto: esta especie se llama encomio. Y la sexta especie es cuando se demuestra que uno es malo: ésta se llama vituperación.
Así que las partes de la oratoria son: el encomio, la
vituperación, la exhortación, la disuasión, la acusación y la defensa.

59. El bien decir u orar se divide en cuatro: uno,
es decir lo que conviene; otro, decir cuanto conviene; tercero, a quienes decir conviene; y cuarto,
cuando decir conviene. Decir lo que conviene es

decir las cosas que han de ser útiles al que dice y al que oye. Decir cuanto conviene es decir lo que baste, ni más ni menos. Decir a quienes conviene es acomodar las palabras a la edad de aquellos a quienes sé dicen, ya sean ancianos, ya mozos. Y decir cuando conviene es que no sea demasiado presto, ni demasiado tarde, pues, de lo contrario, se peca contra las reglas del bien decir.

60. La beneficencia es de cuatro modos: o con dinero, o con el cuerpo, o con las ciencias, o con las palabras. Con dinero, cuando uno socorre con él al necesitado que pide, en cuanto racionalmente puede. Con el cuerpo se ayudan mutuamente los hombres cuando se socorren contra quien los hiere. Los maestros, los médicos y los que enseñan alguna cosa útil, benefician con las ciencias. Y cuando uno sube al tribunal de justicia para favorecer a otro, y efectivamente dice bien de él, beneficia con las palabras. Luego la beneficencia es, o con dinero, o con el cuerpo, o con las ciencias, o con las palabras.

61. El fin de las cosas se divide en cuatro especies. Primeramente toman fin las cosas según la ley, cuando se hace un decreto, y la ley misma lo perfecciona conduce al fin. Lo toman según la naturaleza, verbigracia; el día, el año y las, estaciones de éste.

Témanlo según el arte, como la arquitectura civil cuando uno concluye una casa, y la naval cuándo una nave. Y lo toman según la casualidad o suerte, cuando las cosas acontecen diversamente, y no según uno esperaba. Luego el fin de las cosas es, o según la ley, o según la naturaleza, o según el arte, o según el acaso.

62. El poder o potencia se divide en cuatro especies: una es mental, pues podemos pensar y opinar con la mente. Otra corporal, pues podemos caminar, dar, recibir, y otras cosas como éstas. La tercera es cuando somos poderosos a fuerza de soldados o de dinero; y de esta forma se dice puede mucho un rey. La cuarta especie de poder es que podemos padecer o hacer bien o mal, como estar enfermos, ser instruidos, sanar de las dolencias, y todas las demás cosas de esta clase. Así que una especie de poder reside en el ánimo, otra en el cuerpo, otra en las tropas y dinero, y otra en la acción y pasión.

63. La humanidad[205] es de tres especies: una es a manera de obligación, como cuando unos se encuentran a otros y se saludan, y dándose las manos se alegran mutuamente. Otra especie es cuando uno

da socorro a los infelices. Y la otra es cuando son convidados a la mesa los amigos. Luego la humanidad se encierra en saludar á los amigos, en socorrerlos y en convidarlos a comer y estar con ellos.

64. La felicidad se divide en cinco partes: una es el buen consejo; otra, la integridad de sentidos y sanidad del cuerpo; la tercera, la fortuna en el obrar; la cuarta, la estimación y gloria entre los hombres; y la quinta, la abundancia de dinero y demás cosas útiles a la vida. El buen consejo dimana de la educación y de la experiencia en muchas cosas. La buena constitución de cuerpo y sentidos procede de la aptitud de sus partes y órganos, como de los ojos si ve bien, de los oídos si oye, y de la nariz y boca si ejercen debidamente sus propios oficios. Ésta es la integridad de sentidos. La fortuna en el obrar depende de considerar y ejecutar rectamente las cosas y según corresponde a un varón diligente. La estimación y gloria humana nacen del buen concepto y opinión en que estamos. Y la abundancia es cuando está uno tan provisto de las cosas necesarias a la vida, que puede hacer bien a los amigos y darles abundantemente lo necesario. Quien tiene todas estas cosas es perfectamente feliz. Así que la felici-

---

[205] El amor a los hombres.

dad consiste en el buen consejo, en la integridad de sentidos, en ala sanidad del cuerpo, en la fortuna, en la estimación y gloria, y en la abundancia.

65. Las artes se dividen en tres clases: primera, segunda, y tercera. De la primera es la metalúrgica[206] y la corta de madera: éstas son preparativas. De la segunda, la metálica y la tectónica (255) las cuales son transformativas, pues del hierro la metálica hace armas, y la tectónica, de madera flautas y liras. Y la tercera clase es la que hace uso de las mismas cosas construidas, verbigracia, el arte de montar a caballo, que usa los frenos; la bélica, las armas; la música, las flautas y liras. Divídese, pues, el arte en tres clases: primera, segunda y tercera.

66. Lo bueno es de cuatro especies, la primera de las cuales es cuando llamamos virtuoso a uno por poseer este bien. La segunda es la virtud misma y la justicia, a las cuales llamamos bien. La tercera, los alimentos, el ejercicio conveniente y las medicinas. Y la cuarta es el arte de tocar la flauta, le histriónica y otras semejantes. Así que son cuatro las especies de bien: poseer la virtud; la virtud misma;

---

[206] A saber la perteneciente a la primera preparación de los metales, cuando salen de la mina.

el alimento y ejercicio moderado, y la pericia en tocar la flauta, la histriónica y la poética.

67. De las cosas existentes, unas son malas,
otras buenas, y otras indiferentes. De éstas llamamos malas a las que pueden dañar siempre, como la
intemperancia, la imprudencia, la injusticia y otras
así: las contrarias a éstas son buenas. Las cosas que
a veces aprovechan y a veces dañan, como el pasear,
el estar sentado, el comer; o bien las que nunca
aprovechan ni perjudican, son indiferentes o neutras, puesto que ni son buenas ni malas. Luego de
las cosas existentes unas son buenas, otras malas, y
otras de ellas indiferentes o neutras.

68. El buen gobierno es de tres maneras: en
primer lugar, cuando las leyes son buenas, decimos
que el gobierno lo es. Secundariamente, si los ciudadanos se sujetan a las leyes establecidas. Y en tercer lugar, cuando no habiendo leyes se gobiernan
bien los ciudadanos según algunas costumbres y
máximas, pues también a éste llamamos buen gobierno. Conque el recto gobierno es haber buenas
leyes, sujetarse a ellas los ciudadanos, y regirse por
buenas máximas y costumbres.

69. El mal gobierno se divide en tres especies: la
primera de ellas es cuando las leyes puestas son

malas, no sólo para los forasteros, sino también para los ciudadanos. La segunda, cuando no se observan las establecidas. Y la tercera, cuando no hay ley alguna.

70. Las cosas contrarias son en tres maneras, como cuando decimos que los bienes son contrarios a los males: verbigracia, la justicia a la injusticia, la ciencia a la ignorancia, y semejantes; que unos males son contrarios a otros, verbigracia, la prodigalidad a la avaricia, el castigo injusto al justo, pues éstos son males contrarios a otros males. Lo grave y lo leve, lo breve y lo tardo, y lo negro y lo blanco son contrarios entre sí del modo que lo son las cosas neutras a las neutras. Así que las cosas contrarias lo son, una como las buenas a las malas, otras como las malas a las malas, y otras como las neutras a las neutras.

71. Tres son las especies de bienes: unos los poseídos, otros los participados, y otros los por sí subsistentes. Los poseídos son los que podemos tener: verbigracia, la justicia, la salud. Los participados son los que no pueden en sí tenerse, pero podemos participar de ellos, verbigracia, no podemos tener el bien mismo, pero podemos ser de él participantes. Los bienes subsistentes por sí mismos son aquellos de quienes ni podemos participar, ni los podemos

en sí tener, pero conviene que estén en nosotros, verbigracia, el ser diligentes y el ser justos, lo cual es un bien. Los bienes, pues, son poseídos, participados y por sí existentes.

72. El consejo se divide en tres partes: uno se toma de los tiempos pasados, otro de los venideros, y otro dei presente. El de los tiempos pasados, por medio de ejemplares, verbigracia, qué es lo que .padecieron los lacedemonios por guardar fidelidad. El del tiempo presente, manifestando, verbigracia, la flaqueza de los muros, la cobardía de los hombres, la cortedad de víveres. Y el de los tiempos futuros, como que no lleven las embajadas apariencia de injustas, para que la Grecia no pierda su opinión y gloria. Luego el consejo es de los tiempos pasados, de los presentes y de los futuros.

73. La voz es de dos especies: una animada y otra inanimada. La voz animada es la de los animales; la inanimada son los sones y los ruidos. La voz animada, o es docta o indocta: docta, la de los hombres; indocta, la de los animales. La voz, pues, es animada e inanimada.

74. De las cosas existentes, unas son divisibles, otras indivisibles. De las divisibles, unas son de partes semejantes, otras de partes desemejantes. In-

divisibles son las que no admiten división, ni se componen de nadie, verbigracia, la unidad, el punto, el sonido. Divisibles, las que se componen de algo, verbigracia, las sílabas, la sinfonía, los animales, el agua, el oro. De partes semejantes ion las cosas que se componen de semejantes y su todo no se diferencia de sus partes, sino en el número, verbigracia, el agua, el oro y otras de esta especie. De semejantes en partes son las cosas que se forman de partes desemejantes, verbigracia, una casa y otras cosas así. Luego de las cosas existentes, unas son partibles, otras impartibles. De las partibles, unas son de partes semejantes, otras son de partes desemejantes.

75. De las cosas existentes, unas se llaman por sí mismas, otras para otro. Las por sí mismas son las que no necesitan de exposición: de esta clase es el hombre, el caballo, y demás animales, los cuales no admiten interpretación alguna. Las llamadas para otro, todas necesitan de explicación, verbigracia, lo que es mayor que otro, lo más veloz que otro, lo mejor que otro, etcétera; pues lo que es mayor lo ha de ser de lo que es menor; lo más veloz lo será de alguno. Y así, de las entes, unos se llaman por sí mismos, otros para otro. Así dividía Platón las cosas primeras y principales, como dice Aristóteles.

76. Hubo otro Platón, filósofo rodio, discípulo de Panecio, según escribe Seleuco Gramático en el libro I De la Filosofía. Otro, peripatético, discípulo de Aristóteles. Otro hubo discípulo de Praxifanes; y otro poeta de la comedia antigua.

Made in the USA
Las Vegas, NV
07 November 2023

80401760R00148